谨以此书

纪念上海大学建校 100 周年

成旦红 刘昌胜 主编

爱在上大

（1922—1927）画传

——激荡年代的爱情

上海大学出版社
·上海·

本书编委会

主　　　　任　　成旦红　刘昌胜
常务副主任　　段　勇
副　主　任　　欧阳华　吴明红　聂　清　王从春
　　　　　　　汪小帆　苟燕楠　罗宏杰　忻　平
委　　　　员　（按姓氏笔画为序）

　　　　　　　王远弟　王国建　卢志国　朱明原　刘长林
　　　　　　　刘文光　刘绍学　许华虎　孙伟平　李　坚
　　　　　　　李明斌　吴仲钢　吴　铭　沈　艺　张元隆
　　　　　　　张文宏　张勇安　张基涛　陆　瑾　陈志宏
　　　　　　　陈　然　竺　剑　金　波　孟祥栋　胡大伟
　　　　　　　胡申生　秦凯丰　顾　莹　徐有威　徐国明
　　　　　　　陶飞亚　曹为民　彭章友　傅玉芳　曾文彪
　　　　　　　曾　军　谢为群　褚贵忠　潘守永　戴骏豪

主　　　编　成旦红　刘昌胜

执 行 主 编　段　勇

执 行 副 主 编　胡申生　曾文彪　耿　敬　刘长林

执 行 编 辑　洪佳惠　纪慧梅　谢　瑾

20世纪20年代，中华民族身处一个风云变幻的时代。十月革命一声炮响给中国送来了马克思列宁主义，五四运动的爆发标志着各阶层民族意识的觉醒，新文化运动对封建旧道德的抨击唤醒了人们被压抑已久的热情。

青年男女们内心对爱的渴求和对自由的向往，犹如滚滚岩浆般喷薄而出。

这喷涌的情感，以理性的克制流溢于笔端。沈泽民于1922年在《民国日报》副刊《妇女评论》上翻译发表的《〈女权宣言〉序》、吴庶吾于1923年在《民国日报》副刊《妇女周刊》上发表的《女子底觉悟》、陈望道于1924年在《东方杂志》上发表的《我的婚姻问题观》、张琴秋于1925年在《民国日报》副刊《妇女周报》上发表的《国民会议与各阶级妇女》、戴邦定于1926年在《民国日报》副刊《觉悟》上发表的《评"新女性"》、杨贤江于1927年在《新女性》上发表的《中国的妇女运动》……无不昭示当时的先进知识分子乃至整个时代对妇女解放和婚姻自由问题的关注和思考。

这喷涌的情感，又表达为对个人情感的遵从和热烈追逐、对封建婚姻的反抗和妥善处理。在彼时的上海大学，就有这样一群勇敢从心所愿、热烈追求爱情的年轻人，无论是教师还是学生，他们大都在20岁上下，年龄相仿，风华正茂。他们中，有为了共同的理想走到一起的李硕勋、赵君陶，有流芳于世的"秋之白华"瞿秋白、杨之华，有以名铭志的"复光复亮"施存统、钟复光，也有挣脱了封建婚姻枷锁的张秋人、钱希均，还有深陷爱之泥淖的蒋光慈、宋若瑜。无论是遵从本心还是抵制旧俗，无论是鹣鲽情深还是风流云散，他们的情感故事，皆是那动荡年代反抗封建桎梏、追求个性解放和恋爱自由的缩影。

爱在上大，说的是激荡岁月中的爱情故事，更是朝气蓬勃的青春故事。百年激荡岁月，上海大学从葱葱茏茏到日升月恒，那曾经闪烁的、属于年青人的红色光芒，至今仍有穿透时代的力量，那股生机勃勃的红色血脉，依旧在每个上大人心中涌动！

爱 在 上 大（1922—1927）画传——激荡年代的爱情

目 录

阳翰笙与唐棣华 …………………………………………………………… 4

李炳祥与王亚璋 …………………………………………………………… 12

李硕勋与赵君陶 …………………………………………………………… 18

杨贤江与姚韵漪 …………………………………………………………… 28

何　洛与刘尊一 …………………………………………………………… 36

余泽鸿与吴祥宝 …………………………………………………………… 42

沈泽民与张琴秋 …………………………………………………………… 48

张太雷与王一知 …………………………………………………………… 56

目 录

张秋人与钱希均、徐镜平…………………………………………… 64

陈望道与吴庶吾、蔡慕晖…………………………………………… 74

施存统与钟复光……………………………………………………… 84

蒋光慈与宋若瑜……………………………………………………… 92

蔡和森与向警予……………………………………………………… 100

戴邦定与项一椵……………………………………………………… 108

瞿秋白与王剑虹……………………………………………………… 112

瞿秋白与杨之华……………………………………………………… 124

阳翰笙 与 唐棣华

阳翰笙（1902—1993），中国电影剧作家、作家、戏剧家。原名欧阳本义，字继修，笔名华汉等，四川高县人。1920年，就读于成都省立第一中学。1924年，进入上海大学社会学系学习。在上海大学学习期间，参加工人夜校教育工作和工人运动。五卅运动期间，与李硕勋一起受党组织指派到上海学联总会工作。1925年，加入中国共产党；同年10月底，任中共闸北部委书记。1926年1月，根据党组织安排赴黄埔军校任政治教官。参加南昌起义。1929年，任中共中央文委书记、中国左翼文化总同盟党团书记。抗日战争期间，任国民政府军事委员会政治部第三厅主任秘书、文化工作委员会副主任委员。1949年7月，参加第一次全国文代会，当选大会主席团、常务主席团成员。新中国成立后，任中华全国电影工作者协会主席，政务院文教委员会副秘书长、总理办公室副主任，全国文联副主席、党组书记，中国人民对外文化协会副会长、党组书记等。1993年6月在北京去世。

唐棣华（1904—1989），上海青浦人。1925年，进入上海大学中学部学习，其间任中学部学生会副主席。五卅运动期间，任上海学联会计。1980年，在北京接受专访，有《回忆上海大学》记录稿存世。1989年5月在北京病逝。

相遇洪流中

1937年底，阳翰笙在武汉

1942年11月15日，即十月初八，阳翰笙在自己40岁生日那天的日记里这样写道："少年时代且不去说它。自从我离开四川以来的二十年间，从青年时代起，一直到现在止，我可干了些什么呢？在这四十生辰的今日，来回忆一下，就我个人的生活史来说，我想是很有意义的。一九二三年秋，离家赴北平。因各大学考期已过，与友人尹伯休、萧同华移住西山南营子，开始醉心于新旧文艺的研究。一九二四年夏，离开北平赴青岛，自海道去沪插入上海大学社会学系。一九二五年春，与友人李硕勋、刘昭黎读书于西子湖畔之葛岭山庄。夏五卅运动起，随即回沪，在全国学总会内参加学生运动工作。秋仍回上大，兼事社会运动；开始与棣华相恋。一九二六年春，初在黄埔军校政治部任秘书，继调入入伍生部政治部任政治教官兼秘书。冬回沪与棣华结婚。一九二七年四月离粤赴武汉。先后在第六军和第四军政治部。不久南昌起义，又随叶、贺军南征。"[①]

1989年5月10日，中国文学艺术界联合会唐棣华同志治丧办公室所发讣告中的《唐棣华同志生平》记载："她与阳翰笙同志在'五卅'惨案的反帝浪潮之中结识，于北伐战争节节胜利的1926年结婚。婚后不久，即随阳翰笙同志去广东黄埔军校。当时她向组织上提出了入党的要求，组织上认为她当时不加入组织对工作更为方便，她服从了党的安排。1927年，南昌起义后，阳翰笙同志随起义军南下，唐棣华同志因怀孕转移到上海。"

五卅运动时，23岁的阳翰笙奉命代表全国学生联合总会参加上海工商学联合会的工作，组织"三罢"斗争，帮萧楚女编辑会刊，当记者外出采访。21岁的唐棣华在上海学生联合会担任会计。据唐棣华回忆："学生支援工人罢工上街募捐，钱放在竹筒里，同学们每天回校后，当众劈开竹筒，把钱交给我，我把钱收齐后，

---

① 《阳翰笙日记选》，四川文艺出版社1985年版。

一部分存银行，一部分发给五卅运动中被难者的家属。那时为了支援被难家属和救济罢工工人，我们除外出募捐还主动节衣缩食，有些学校素食三天，也有的学校吃粥，把节省下来的钱捐出。""当时开展工人运动，是一件很不容易的事，除要防军阀、帝国主义巡捕外，要混进工厂去，一旦被工厂门警发觉，不仅挨骂，而且还要挨打。我们那时是中学生，年纪小，也不很懂革命道理，但有正义感，有股革命的热情，因之，跟随大学部的同学一起，积极参加革命活动。"①

这两名在五卅运动中积极投身革命活动的上海大学学生，其间究竟有何交集，详情已不得而知。但从阳翰笙日记中的追述来看，五卅运动后回到学校，他就和唐棣华正式恋爱了。同时，他担任了学校党支部书记。当年冬天，又任中共上海闸北区委书记。

相恋不到半年，为了革命工作，两人又不得不分开。

1926年1月，阳翰笙奉命到广州工作。据阳翰笙回忆："我到广州后，先住市内农民运动讲习所。……在农讲所第一次见到毛泽东同志。……在广州市内没有住几天，我就被分配到黄埔军校政治部当秘书，后调入伍生部政治部任秘书，又任中共入伍生部总支书记。同时兼作教官，教国际问题，有时也作时事报告。不久，会见两广省委军委书记周恩来同志。他对我的工作表示关心和支持，并有所指示。以后，我就常到他家去。从这个时候起，在黄埔军校，在南昌起义的日日夜夜，在上海左翼文艺运动初期，抗日战争时期在政治部第三厅和文化工作委员会，解放后在国务院，三四十年中，我都在周恩来同志直接或间接领导下工作。他那共产主义的胸怀，高度的原则性和灵活性相统一的思想，指挥若定、运筹帷幄的领导艺术，实事求是的科学精神，平易近人的作风，谦虚朴素的美德，时时感染着我，鼓舞着我。我为一参加革命，就有这样一位党的领袖、革命的同志始终领导我、指导我，感到幸福。"②

① 唐棣华访谈记录稿，王家贵、蔡锡瑶编著：《上海大学（1922—1927）》，上海社会科学院出版社1986年版。
② 阳翰笙：《在大革命洪流中》，《新文学史料》1985年第1期。

相伴守余生

1926年底，阳翰笙从广州赶回上海和唐棣华结婚。从此，两人相伴余生，共同为中国革命、新中国建设贡献自己的力量。

1927年南昌起义时，阳翰笙不想让唐棣华随军同行，还曾委托徐先兆、刘开树将她妥善安置于南昌。① 不久，两人都回到了上海。

1928—1932年，阳翰笙发表作品基本署名"华汉"，对此还有一段轶事。据舒湮1987年11月19日记述："昨天，我去医院探视翰老，问起'华汉'这个笔名的含义。他答：'没有多大意思，大约与我的妻子唐棣华有些关联吧。'我戏为之强作解人：'华汉者，唐棣华的老汉是也。'翰老笑而不答，可见他们伉俪俩情爱笃深的革命战斗友谊。他沿用至今的主要笔名'阳翰笙'，始于一度出现于写小说时偶用的'寒生'。但他告诉我：那时他为'明星'写了一个叙述四川佃农抗租的电影剧本，导演洪深认为'华汉'或'寒生'的笔名已为人凤知是闻名的左翼作家，不能用了，太惹眼，莫若改为谐音的'翰笙'，意即霄汉吹笙，笙音飞向高空。"②

① 徐先兆、刘开树：《黄野萝》，政协鹰潭市委员会文史资料研究委员会等合编《鹰潭文史资料》第3辑《鹰潭近现代人物》，1991年印。
② 舒湮著：《愚昧比贫穷更可怕》，人民日报出版社1988年版。

1937年，阳翰笙（二排右）、唐棣华（前排左），及常任侠（前排右）、熊式一（二排左）、田汉（三排左）、白杨（三排中）、王晋笙（三排右）、张西曼（四排左一）、王家齐（四排左二）、王熙春（四排左三）、高百岁（四排左四）在南京合影

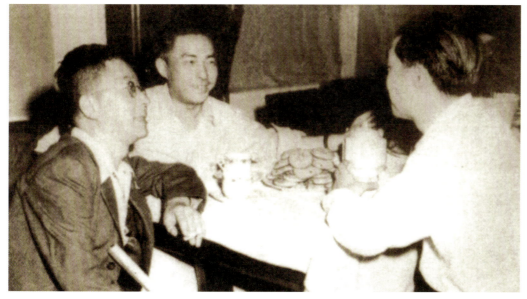

1950年6月,阳翰笙(右)、冯乃超(中)、老舍出席中国人民政治协商会议第六届全国委员会第二次会议,在会议休息时交谈

1955年春,阳翰笙(右二)、郭沫若(左二)与来北京汇报演出的川剧团演员同游颐和园合影

爱 在 上 大（1922—1927）画传——激荡年代的爱情

1979年10月第四次文代会上，阳翰笙（中）与曹禺（左）、丁玲（右）亲切交谈

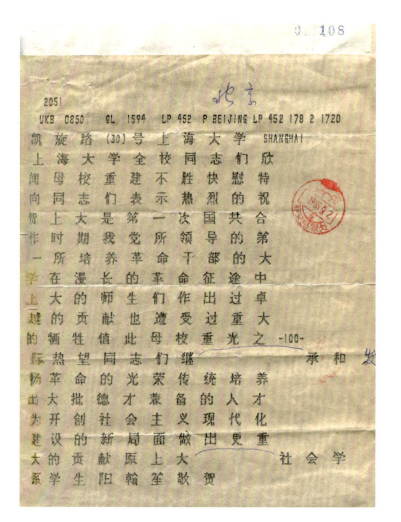

1983年，阳翰笙给上海大学发贺电，敬贺母校"重建"

讣 告

中国文学艺术界联合会离休干部、阳翰笙同志六十年间政治活动和创作活动的得力助手唐棣华同志，于一九八九年五月六日在北京医院因心力衰竭不幸逝世，终年八十五岁。

现定于一九八九年五月十八日（星期四）上午九时在北京医院遗容瞻仰室（新桥饭店向西向右拐）举行唐棣华同志遗体告别仪式。

特此讣告

唐棣华同志治丧办公室
1989年5月10日

联系人：刘渝生、王路坦
联系电话：447678

全国文联为唐棣华逝世发出的讣告及生平简介

唐棣华同志生平

中国文联离休老干部唐棣华同志，因病于1989年5月6日在北京医院逝世，终年八十五岁。

唐棣华同志1904年生于上海青浦县。1925年进上海大学社会学系攻读，受到瞿秋白、恽代英等老一辈革命家的教导，1925年加入共产主义青年团，参加了五卅运动，在运动中进行宣传和募捐活动并负责全团学生会的财务工作。她与阳翰笙同志在"五卅"惨案的反帝浪潮之中相识，于北伐战争节节胜利的1926年结婚。婚后不久，即随阳翰笙同志去广东黄埔军校。当时她向组织上提出了入党的要求，组织上认为她这时不加入组织对工作更为方便，她服从了党的安排。1927年，南昌起义后，阳翰笙同志随起义军南下，唐棣华同志因怀孕转移到上海。1928年到1935年阳翰笙同志负责"左联"、"文总"和"文委"的党的工作时期，唐棣华同志的家就是党的地下机关，在白色恐怖的岁月里，唐棣华同志坚持党的机关工作，想方设法传送秘密文件，接待和保护同志，广泛配合阳翰笙同志的统战工作，密秘联络和结交朋友。她尽了地下党员的义务。

1935年机关被破坏，阳翰笙同志被逮捕入狱，唐棣华同志在敌人严密监视之下，冒着极大的危险，机警的设法及时通知同志们转移，避免了更大的损失，后来又四出奔走进行营救工作，为在狱中的同志送衣服食物，并利用机会偷秘传送信息。当时地下工作女党员李益智同志从狱中出来生孩子，唐棣华每天往医院给她送食物，直到出狱之后还在生活上给以照料和帮助。

1937年"七七"事变后，国共合作，阳翰笙同志获得了自由，即投入党领导的抗日救亡工作，唐棣华同志为了不拖累阳翰笙同志的工作，不顾刚生了孩子不久的虚弱身体，一个人带着四个孩子（最大的九岁最小的两个月）在十分艰难的情况下，一路辗转迂难至重庆。到重庆不久，由于生活困难，在严重缺乏营养和医疗情况下，小女儿和小儿子不幸相继死去，唐棣华同志忍受着极大的心灵创伤，转迁到了武汉，担负起阳翰笙同志的秘书工作。在武汉三厅期间，她又再一次向周恩来同志提出入党的要求，周恩来同志根据当时革命工作的需要，对她说："你还是在党外工作，对党更为有利"。她就全心全意在党外从事革命工作。重庆中共办事处筹备期间，周恩来和邓颖超同志就在郭家岩池村唐棣华同志的家中就餐，唐棣华同志对他们的生活饮食进行了悉心的照料。1941年皖南事变以后，白色恐怖严重，邓颖超同志将在八路军办事处工作的戈阳等两位女同志送到家中，唐棣华同志就把她们隐藏起来，在家住了几个月。最后让自己十一岁的儿子和她们一起到延安去接受革命教育。抗战胜利后，在上海，她继续担负着秘书工作。1948年，上海白色恐怖严重，阳翰笙同志根据党组织决定转移到香港，她就带着孩子们隐藏在上海亲戚家中。建国后，在阳翰笙同志任政务院文教委员会副秘书长和中国文联秘书长、副主席期间，因levensstijl生活起居非常不便，而工作又非常繁重，唐棣华同志，作为他的秘书，既要处理日常繁杂的事务工作又要悉心照顾他的生活和健康。同时对周围同志的生活她也给予了热情地关心和照顾。全国解放后的四十年中，她配合阳翰笙同志的繁重工作，勤勤恳恳、任劳任怨，始终享受一名普通工作人员的待遇，她从无个人要求，也无任何个人怨言，她默默地奉献自己的一切。

十年动乱中，唐棣华同志遭到江青反革命集团的残酷迫害，精神上受到极大摧残，但她始终坚信党的事业，从不屈服四人帮的威逼，从未说过一句不实之词，并在极其困苦的情况下，尽力照顾其他受迫害同志的孩子。

唐棣华同志，为人正直，对工作认真负责，处处克勤克俭，严以律己宽以待人，对他人，真诚友爱，关心帮助。对子女，严格要求，谆谆教导他们自立自强，艰苦奋斗，并以自己的言行作出了榜样。

唐棣华同志是站在阳翰笙同志六十余年政治活动和创作活动后面的贤德有力的助手，是一位真正值得赞美的无名英雄。

唐棣华同志的一生充满了种种艰辛和磨难，为了革命工作，为了自己的亲人，为了周围的同志，她默默无私地奉献了自己的一生。她的一生是战斗的一生，奉献的一生，平凡的一生，光辉的一生。

唐棣华同志，安息吧！

—1— —2— —3—

李炳祥 与 王亚璋

李炳祥（1905—1959），又名永孝，广西平南人，生于菲律宾马尼拉。1924年9月，进入上海大学经济学系学习；同年，加入中国共产党。1925年，被派往苏驻华使馆及冯玉祥部工作。1926年，参加北伐，后赴汉口任苏联顾问鲍罗廷英文翻译。四一二反革命政变后，携夫人王亚璋（上海大学学生）转移至马尼拉，继续从事革命工作。抗日战争期间，在菲律宾发动华侨和国际友人支援国内抗战。1946年，在香港负责海外华侨工作。新中国成立后，在中央机关从事外事工作。1959年6月在北京病逝。

王亚璋（1902—1990），又名志渊、芝宇，浙江定海人。1924年，进入上海大学学习。1925年1月，加入中国共产党。1926年3月，任中共上海区委委员兼妇女部主任。1927年1月，任中共湖北省委妇女委员会委员；同年4月，出席中国共产党第五次全国代表大会，当选中央候补委员。四一二反革命政变后，随丈夫李炳祥（上海大学学生）转移至马尼拉，继续从事革命工作。抗日战争期间，在菲律宾从事抗日宣传活动，任中国妇女慰劳前线抗日将士慰劳会菲律宾华侨分会委员兼组织部副主任。1944年11月，参加华侨抗日游击队，做俘虏教育工作。1946年，随华侨党组织撤至香港。1949年3月，在中共中央统战部二处工作。新中国成立后，任中共中央对外联络部研究员、机关学校校长等。1990年2月在北京去世。

爱 在 上 大（1922—1927）画传——激荡年代的爱情

漂洋过海来相爱

1922年，在菲律宾读了私塾和小学的李炳祥被父母送回中国，"先就读于复旦中学，后转入青年会中学。这时候，他的人生观起了变化：从有神论变为无神论，对当时现实产生不满，痛恨军阀的内战，并对自己的前途感到彷徨"。

同年，王亚璋在宁波学习幼稚教育，次年回母校定海县立女校任教。

1924年，李炳祥"在报纸上看到列宁逝世的消息，才知道世上有布尔什维克的政党存在。这使他迫切地想了解俄国革命的情况。在这种愿望支配下，他不想在正规学校呆下去了，就报名参加上海大学办的夏令讲习所学习社会科学，初次接触到马克思主义和共产党员。在听讲的过程中，他很注意听关于帝国主义的问题。他读了列宁著的《帝国主义论》后，就写了一篇反帝论文，联系实际，分析当时菲律宾华侨社会的情况。这篇论文由柯柏年和武思茂同志协助完成，并投寄到马尼拉当时的国民党左派报纸——《民号报》刊登。这篇论文的发表，使他更接近了中国共产党"。①

身着马来西亚民族服装的李炳祥

9月，李炳祥成为上海大学经济学系一年级正式生。次月，他说服妹妹李锦蓉从上海梵皇渡美国教会办的圣玛利亚女子学校转入上海大学附属中学。据李锦蓉回忆："炳祥大哥也常来探望我，他见我在女校的生活方式仍像在菲律宾一样，没有多大变化，还是'小姐'气，不会用筷子，上马桶要洒香水……，跟他的想法相距甚远，就产生了要让我脱离这个环境的念头。"进入上海大学后，"一些大哥、大姐经常有意无意地找我聊天。炳祥大哥的好朋友李春蕃（即柯柏年）大哥知道我的中文基础差，就拿来一套《红楼梦》给我看……我了解炳祥大哥这时的思想已发生显著变化，他在我之前已经自动脱离了教会学校，转学到上海大学；我知道他已进入一群热血青年的活动圈子"。②

① 王亚璋口述、李丽君执笔：《怀念李炳祥同志》，政协广东省中山市委员会文史委员会编《中山文史》总第14辑，1988年印。
② 李锦蓉：《我的道路》，政协广东省中山市委员会文史委员会编《中山文史》第20辑，1990年印。

李炳祥与王亚璋

秋,李炳祥加入中国社会主义青年团。"他的第一件革命工作是上永安公司楼顶向南京路散发传单,声援日本纱厂工人反对日本帝国主义的罢工。上海杨树浦与小沙渡两处的工人罢工展开后,他被派往工人住宅区在刘华领导下进行宣传活动,支持工人罢工。他回到上海大学后,领导派他去管理校内书报流通社工作。1924年冬天,他加入了中国共产党。'上大'办的平民夜校在同年11月改组委员会时,推选了杨之华、林钧、王杰三、李炳祥等人为委员,炳祥兼任总务主任。党组织派他和柯柏年同志一起工作。后又被派往《民国日报》,接替施复亮编辑《觉悟》副刊。"

同年,在定海县立女校任教的王亚璋,经国语老师介绍进入上海国语专修学校学习。"后因浙江战争爆发,国语学校在中国地界,不能继续开学,转学上海大学补习班。"住在上海大学女生宿舍。李锦蓉、杨之华住在她隔壁。补习班结束后,王亚璋在杨之华动员下,"到杨树浦工人夜校任教,使她置身于工人群众之中,有机会了解工人的疾苦"。①

1925年春,李炳祥被陈独秀派往张家口冯玉祥部队担任翻译。"他到北京后,李大钊同志先要他留下,暂时派往苏联驻华大使馆工作。这段时间,他经常给宋庆龄女士送各种资料,做联系工作。"八九月间才到张家口。

五卅惨案发生的当天下午,王亚璋"参加演讲队到马路上演讲,劝商店罢市,共同起来反对帝国主义者残害中国同胞。据她回忆,那时夜校已停课,但为了组织罢工,组织纠察队,她从天亮一直干到深夜,一点也不感到疲倦,脑子里只充满着对敌人的愤恨"。次日上海总工会成立,王亚璋被选为委员。

李炳祥和王亚璋合影

① 李丽君:《回忆母亲王亚璋同志》,龚陶怡编《菲律宾华侨抗日爱国英魂录》,华文出版社2001年版。

爱 在 上 大（1922—1927）画传——激荡年代的爱情

李炳祥妹妹、上海大学附中学生李锦蓉

6月，上海大学被租界当局武力封闭，王亚璋、李锦蓉等无处居住。恰逢李炳祥和李锦蓉的母亲前来探亲。据李锦蓉回忆："她主要是来相一相她的长子的未婚妻，即炳祥大哥的女友王亚璋。"由于"英巡捕房发布通令：不准出租房间给无老人的家庭"，李母还出面帮上海大学的学生租房子。

1926年2月前后，李炳祥奉命到广东参加北伐准备工作。"他由广州转往汕头，归周恩来同志领导。在汕头，他短期接替傅大庆同志在国民革命军第一军的翻译工作后，又被调回广州，随同国民革命军第四军的顾问团一起北伐。之后，炳祥同志被中央派到汉口去当苏联顾问鲍罗廷的英语翻译。在第一次国内革命战争时期，炳祥同志担负着紧张、繁重的工作。他在张家口工作时患了疝气病，下腹经常疼痛，但他始终以饱满的热情带病工作。"

同年3月至次年，王亚璋曾任中共上海区执行委员会委员兼妇女部主任，妇女委员、妇女运动委员会主任，全国总工会执行委员会委员，上海总工会丝厂总工会委员长，中共湖北全省总工会女工运动委员会主任。

1927年四五月间，王亚璋和李炳祥在武汉参加中国共产党第五次全国代表大会，王亚璋当选中央候补委员。①汪精卫七一五"分共会议"前，党组织原定李炳祥随鲍罗廷经由蒙古撤回苏联，留在莫斯科学习，但因王亚璋已经怀孕，不能长途跋涉、骑骆驼过沙漠，经周恩来同意，八九月间，李炳祥带着王亚璋经由香港前往马尼拉，在菲律宾继续从事革命活动。

① 中共中央党史研究室第一研究部编著：《中国共产党第一至第六次全国代表大会代表名录》（增订本），中共党史出版社2014年版。

1922年,《少年》刊登李炳祥《菲列滨风俗谈》一文

1925年,《民国日报》副刊《觉悟》刊登李炳祥《蒙古经济状况的研究》一文

李硕勋与赵君陶

李硕勋（1903—1931），原名开灼，又名陶，字叔薰，四川高县人。1921年1月，就读于四川省立第一中学；同年秋，与同学阳翰笙一起成立成都社会主义青年团，不久改称四川社会主义青年团。1923年，进入上海大学社会学系学习。1924年，加入中国共产党。五卅运动期间，当选上海学生联合会代表、全国学生联合总会会长、全国学生联合总会党团书记。1925—1926年，主持召开第七、第八届全国学生代表大会。1926年10月，国民革命军北伐攻占武昌，根据党组织安排赴武昌，先后任中共武昌地委组织部部长、共青团湖北省委书记、国民革命军第4军第25师政治部主任。率部参加南昌起义，任起义军第11军第25师党代表兼政治部主任。后受朱德派遣赴上海向党中央汇报和请示工作，被留在上海从事党的地下工作。1930年起，任中共中央军委委员、中共江南省委军委书记、中共两广省委军委书记。1931年8月被捕，9月5日在海口就义。

赵君陶（1903—1985），土家族，原名世萱，又名郁仙，重庆酉阳人。赵世炎胞妹。1919年，就读于北京师范大学附中女子部。1925年4月，进入上海大学社会学系学习。1926年，加入中国共产党；同年冬，任湖北妇女学会宣传部部长。1939年，任重庆第三保育院院长。抗日战争胜利后，任哈尔滨第四中学校长。新中国成立后，先后创办中南试验工农速成中学、天津南开大学工农速成中学，参与创办北京化工学院并任副院长。1985年12月在北京病逝。

葛岭适遇

关于李硕勋与赵君陶的初次相识，他们的儿子李鹏及他们在上海大学的同学钟复光都有讲述和回忆。

据李鹏讲述：

"说起父母亲的相识，还有一段往事。那是在1925年3月，我父亲在上海大学读书。当时的上海大学是我们党参与创办的一所学校，培养出了大批党的干部，著名共产党人瞿秋白、张太雷都曾在这里任教。

"有一位同学叫阳翰笙，他患有胃病，组织上安排他和李硕勋、刘昭黎、雷晓晖等几位同学一同到杭州养病并补习功课。他们四人在西湖边的葛岭山上租了一套四间屋子的平房，自己动手做饭和料理日常生活事务。杭州风景秀丽，气候宜人，阳翰笙的病一天天好了起来。

"我父亲随身带了许多关于马列主义的哲学和社会科学书籍，在那里苦心阅读钻研。有一天，雷晓晖碰到一个叫钟复光的同学，就邀请她来西湖的住处。钟复光后来嫁给了上海大学的一位教社会科学的教授施存统，他们的儿子就是新中国成立后著名的作曲家施光南。过了几天，钟复光来到了葛岭上的住处，和她一起来的还有一位20岁左右的女学生。钟复光介绍说：这个女孩叫赵世萱，是赵世炎的妹妹，从北京来到上海，准备明年报考上海大学。

"就这样，我的父亲和母亲相识了。以后他们同时就读于上海大学社会学系。他们经过相识、相知，互相萌发了爱慕之心，在第二年8月结为终身伴侣。"[①]

据钟复光回忆：

1925年3月，她到北京参加会议，与北方地委负责人赵世炎联系。"三月二十三日，会议尚未结束，孙中山逝世，我与各地来的女界代表参加孙中山追悼

李硕勋

① 李鹏：《李鹏回忆录（1928—1983）》，中国电力出版社、中央文献出版社2014年版。

大会筹备会的工作，负责接待。四月二十九日在北京开了'中国女界联合会（筹备会）'。成立大会之后，我就回上海。从北京回上海时，赵君陶有病，她家要我把她带到杭州疗养，当时李硕勋、何成湘、欧阳继修、余泽鸿等上大四川同学会的同学都在杭州，我把赵君陶送到杭州就返回上海。"①

1921年，在成都省立一中求学时的李硕勋

李硕勋在上海

① 钟复光访谈记录稿，王家贵、蔡锡瑶编著：《上海大学（1922—1927）》，上海社会科学院出版社1986年版。

良缘佳偶

关于自己和李硕勋结婚的事情，据赵君陶回忆：

"硕勋在上海大学读书期间，我也在该校读书，与他一起参加学生运动。一九二五年五月，他参加'五卅'反帝爱国运动。同年六月，他在上海参与主持召开第七届全国学生代表大会，当选为全国学生联合会会长。这年冬天，他在北京主持召开全国学生临时代表大会，发动青年学生参加反帝反军阀斗争。会后，他回上海，大力开展学生运动。一九二六年七月，他到广州，主持召开第八届全国学生代表大会，确定大革命时期全国学生运动的政治任务和组织任务。八月，他回上海，与我结婚。"①

① 赵君陶：《忆硕勋》，中共广东省委党史研究委员会《李硕勋》编写组编《李硕勋》，广东高等教育出版社1987年版。

1925年6月26日，李硕勋（后排左四）在上海主持召开中华全国学生联合会第七次代表大会留影

关于父母结婚的事情,据李鹏讲述:

"我出生在一个革命家庭。我的父亲叫李硕勋,母亲叫赵君陶(原名赵世萱),他们于1926年8月在上海大学结成良缘,成为一对志同道合、相亲相爱的革命伴侣。从他们的结婚照片上可以看出,母亲坐在一个大椅子上,相貌端庄,温柔文雅,父亲坐在母亲身旁,身材修长,刚强坚毅。这张照片我母亲一直珍藏在身边,这是她幸福而永恒的纪念。"①

① 李鹏:《李鹏回忆录(1928—1983)》,中国电力出版社、中央文献出版社2014年版。

1926年8月,李硕勋与赵君陶新婚合影

"惟望善育吾儿"

1931年春，党组织决定调李硕勋到中央革命根据地任红七军政委，5月下旬李硕勋到达香港。后转任中共广东省委军委书记。8月在海口（今属海南）指导工作途中不幸被国民党当局逮捕。在监狱中，李硕勋经受了敌人的严刑拷打，但敌人始终无法从他嘴里得到任何想要的东西。9月5日，敌人用竹筐将被打断双腿的李硕勋抬到海口东校场执行死刑。在刑场上，李硕勋大义凛然，从容就义，年仅28岁。在狱中，李硕勋给赵君陶留下遗书，其中说："余在琼已直认不讳，日内恐即将判决，余亦即将与你们长别。在前方，在后方，日死若干人，余亦其中之一耳。死后勿为我过悲。惟望善育吾儿。"这封遗书表达了他甘愿成为千千万万个为革命为理想而捐躯的革命者之一的豪情壮志。丈夫给自己的这封遗书，赵君陶始终像爱护自己的生命一样珍藏着，直到她逝世以后，她的儿子李鹏和儿媳朱琳才将遗书的原件送交中国人民革命军事博物馆保管陈列。

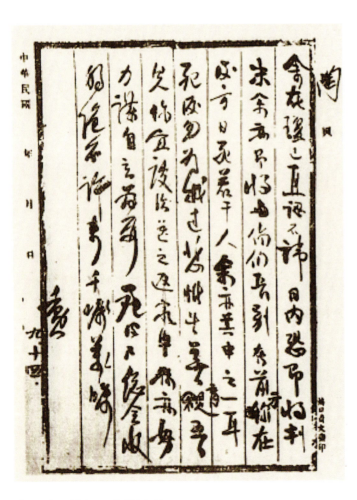

李硕勋留给赵君陶的遗书

李硕勋与赵君陶

赵君陶与儿子李鹏（右一）、女儿李琼在成都合影

1920年，赵君陶（后排左四）全家在北京合影

爱 在 上 大（1922—1927）画传——激荡年代的爱情

李硕勋童年时的卧室

1922年冬，李硕勋（中）赴北京弘达学院求学前与长兄李伯焘（左）、次兄李仲耘合影

赵君陶（右）与三姐赵世兰在一起

赵君陶（左）与五嫂夏之栩（赵世炎之妻）在一起

杨贤江与姚韵漪

杨贤江（1895—1931），中国教育理论家、青年教育家。又名李浩吾，字英甫，浙江慈溪人。1917年，毕业于浙江省立第一师范学校，后到南京高等师范学校任职。1921年，任商务印书馆主办的《学生杂志》主编。1922年，加入中国共产党。1923年，任上海大学社会学系教授并在中学部担任初高中人文科学科主任。1927年，参加上海工人第三次武装起义。四一二反革命政变后，到武汉北伐军总政治部担任革命军日报社社长。后回上海从事党的地下工作。1927年底到日本，后写成《教育史ABC》，用历史唯物主义观点研究教育史、根据社会发展形态叙述教育发展过程。1929年5月回上海，后写成《新教育史大纲》，系统地用马克思主义观点阐明教育原理。1931年7月到日本治病，8月在日本长崎病逝。

姚韵漪（1898—1984），浙江萧山（今杭州市萧山区）人。1916年考入浙江省立杭州女子师范学校，1919年毕业留校任附属小学教师。后到上海，参加五卅运动，加入中国共产党。1927年2月，任中共上海区委妇女运动委员会委员。大革命失败后，随杨贤江避至日本京都。1929年5月回上海，秘密从事革命工作。1931年杨贤江病逝后，先后在杭州、上海等地任教。新中国成立后，到北京人民教育出版社工作，1970年离休。

旧式婚姻

杨贤江16岁那年，奉父母之命和张淑贞结婚。婚后杨贤江一直在外读书，只是在寒暑假期回家生活一段时间。妻子则恪守传统，侍奉公婆，照顾杨贤江的弟妹。对于这段婚姻，杨贤江曾反思："伊虽不是有什么过失的女子，但和我没有深切的感情，而不能实行共同生活，何必定要结成'夫妻关系'呢？"但杨贤江又想到："伊到底也是个恶制度底下的产物，正和我一样；如果和伊完全断绝关系，在事实上伊将无以为生，而情谊上也觉得难以为怀。"[①]

1918年暑假，杨贤江回到家，说服了父亲，送已26岁的妻子和15岁的妹妹一同到上虞县女子小学上学。张淑贞很感激杨贤江对自己的照顾，同时也理解丈夫在感情上的想法，就提出让杨贤江再另娶一房妻子。杨贤江很感激妻子的理解和关怀，但他不同意"一夫二妻"的做法，就提出了一个想法，即将夫妻关系改为友谊关系，将夫妻的虚名去掉，双方变为朋友，张淑贞的生活费等仍由杨贤江全力承担。按当时的社会舆论，张淑贞宁可让杨贤江再娶妻室，也忌讳"离婚"之名，但最终还是对丈夫表示理解。经告知双方家长后，杨贤江和张淑贞用新式方法妥善地结束了他们之间的婚姻关系。其后张淑贞没有再婚。大革命失败后，杨贤江和姚韵漪避至日本，张淑贞和她的父亲多次筹款接济。杨贤江去世后，张淑贞将杨贤江和姚韵漪所生的第二个儿子杨肖康接到乡下抚养。抗日战争期间，张淑贞在家乡走上革命道路，加入中国共产党，成为浙东游击队交通员。杨肖康后来也加入中国共产党，1948年在对敌斗争中牺牲。

[①] 金立人、贺世友著：《杨贤江传记》，江苏教育出版社1990年版。

拨云见日

　　杨贤江和姚韵漪都是浙江一师的高材生。直到1921年,由于工作上的联系,双方开始接触,同时产生了恋情。杨贤江对姚韵漪一往情深,而姚韵漪则囿于社会舆论的讥评一直没有明确表态接受杨贤江的这份爱意,害得杨贤江得了一场大病。为此,杨贤江决心向旧习俗挑战,在《民国日报》副刊《觉悟》上发表了长文《病后》,把自己的婚姻、家庭、离婚、恋爱,与异性的交往、恶习俗的横暴,旧礼教的束缚,全部公诸社会。姚韵漪读了杨贤江的《病后》,深有歉意。1923年夏,姚韵漪辞去浙江女师附小的职务,来到上海。杨贤江则已担任上海大学的

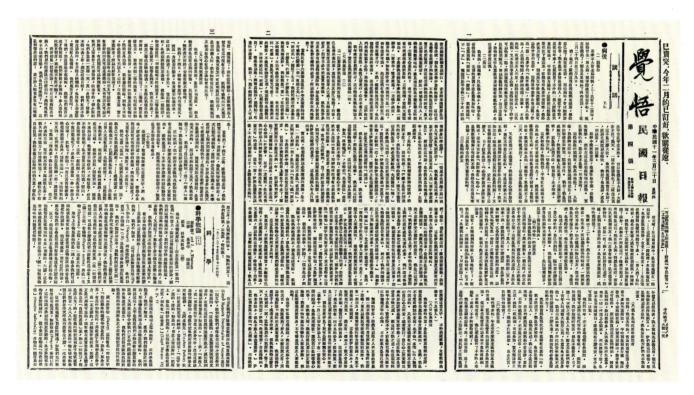

1922年,《民国日报》副刊《觉悟》刊登杨贤江以Y.K.为名撰写的《病后》一文

爱在上大（1922—1927）画传——激荡年代的爱情

教授。他们正式建立了恋爱关系。1924年11月7日，同样因为家庭婚姻问题受到社会舆论讥评的瞿秋白、杨之华在《民国日报》刊登结婚启事，公开举行了婚礼。杨贤江作为瞿秋白在上海大学的同事，姚韵漪则作为杨之华的同乡和好友，参加了婚礼。这对姚韵漪思想上触动很大。她不再顾忌杨贤江的第二次婚姻可能带来的社会舆论压力，接受了杨贤江对她的这份感情。其间，在姚韵漪回避杨贤江躲在浙江女师附小宿舍之时，杨贤江前妻张淑贞还在杨贤江妹妹的陪同下去看过姚韵漪，并将杨贤江生病之事告诉了姚韵漪。1925年1月2日，杨贤江和姚韵漪在上海大学附近的鸿运楼举行婚礼，包括瞿秋白、杨之华在内的杨贤江在上海大学、商务印书馆的同仁好友都来参加了婚礼。①

① 金立人、贺世友著：《杨贤江传记》，江苏教育出版社1990年版。

杨贤江故居

登北極閣

傑閣崔巍倚碧空，登臨一望啼王雄；
浮雲重拖荒城地，落日長埋故園宮玄。
武湖邊芳草綠臙脂井外夕陽紅杏聲
聽徹蒼松下文化東南寒此中（東南
大學在北極閣下有六朝松甚古）

歸來！歸來！

韻漪

古時人死必招魂是希望他再
生的意思。我國從鴉片戰後土地
的租借，割讓於外人者，不知多少。
想見遊魂飄蕩有不少淒戀的悲
愁。今撐關係較重的地方五處作
歌招其歸來。或許精靈有知能來
重託於故國罷。

（香港）

你天然險要的形勢，
你人為優秀的風光；

可憐遠在八十年前，
早已被翅於強鄰。
想起來真叫人難忍！
歸來歸來匪人不可以託也！

（威海衛）

莊嚴雄偉的天然，
「威海衛」果真名不虛傳，
誰知三百年前賴你防禦寇患，
後來竟掉在寇盜手中流轉。
現在啊現在明明的歸期到了，
快快聽清了故鄉人誠摯的呼喚！
歸來歸來匪人不可以託也！

（廣州灣）

水石環抱的形勢天成，
你好似深居幽谷的佳人。
可是少小就被抖於強降，
歡歸期遙遙無定。
更受盡了百般欺凌

（九龍）

纖香港而殷離母懷，
無窮期的九十九年，
料想風淒雨切時，
你姊妹禁不得相對汎瀾。
莫徒作楚囚之泣罷，
故鄉儘多力能援引的英雄在。
歸來歸來匪人不可以託也！

（旅順•大連灣）

你如兄如弟的雙雙，
經雨番吞吐於虎狼，
九死一生的撐扎。
原盼望你們早返家鄉。
如今又延誤了歸期，
志切同仇怎不悄然心傷
歸來歸來匪人不可以託也！

十四年淒風苦雨之秋日

1925年，《学生杂志》刊登姚韵漪诗歌《归来！归来！》

爱在上大（1922—1927）画传——激荡年代的爱情

(15) ——中國的婦女運動——

傷學習所有學生五六十八募捐團專為援助罷工工人而募捐當粵港罷能工時有兩百餘女工加入大都是沙面的女工婦女解放協會先到女工中去教育她們國民黨婦女部也為她們辦一半工半讀的女工傳習所婦女協會去特辦一平民學校去教育女工而且加入婦女協會這個婦女解放協會全是去年三八節成立的宗旨要從根本經濟上謀解放並靠自己的革命去達到解放更出有會列以事宣傳這個團體當算是革命性的婦女運動的團體其次有瓊崖婦女解放協會組織大綱上規定（一）倫理方面打破重男輕女的舊觀念打破買賣式和專制式的婚姻（二）教育方面推行鄉村婦女教育男女平等教育主張選舉權參政權承繼權行為權親屬關係夫妻關係均一律與男子平等并禁止不正當及損害婦女的事情及舊婢（四）勞工方面工資與男子平等並受法律保護。

目前婦女運動的口號最通行的為關於一般婦女解放與關於勞動解放者，如「男女社會地位平等」「男女教育平等」「男女職業平等」「結婚離婚自由」「反對大家庭制度」「打破奴隸女性的禮教」「反對賢妻良母主義的女子教育」「女子應有財產權與承繼權」「女子應有參政權」「男女工資平等」「贊助勞工婦女」「保護女性（生產期前後六星期不扣薪資）」等去年第七屆全國學生代表大會曾議決婦女問題案規定各地學聯會及學生會應宣傳並謀廢除舊禮教下婚姻制度的罪惡應提倡各校實行男女同學應幫助女同學組織女權運動同盟會以求政治上經濟上教育上文化上取

(16) ——中國的婦女運動——

得與男子平等的地位及廢除一切對於女子的不平等待遇應特別注重女工在工廠中的痛苦而謀改善的方法應救濟娼妓出陷坑使得有適當職業但根本解成會全國大會對於婦女問題曾議決下列各項要求（一）婦女在政治上法律上教育上職業上絕對與男子享受同等權利；（二）女子與男子有同等襲產權（三）保護女子（四）教育激底開放各級學校以男女同校為原則；（五）女子有絕對擇業之自由（六）男女工人實行八小時工作工資平等；（七）嚴格制裁溺女虐待妻媳販賣婦女及纏足穿耳之惡習；（八）根本打破買賣式之婚姻制度女子有結婚與離婚之絕對自由更得提倡女子之自動提婚權及社會對於再婚女子與處女得一律看待，取消獎勵虛偽不人道的貞操與儀典。

春雨　　招桂熙

綿綿的織絲般的春雨呀，
在你的烟霧迷濛裏，
蘊著多少離人的愁思？

中國的婦女運動

楊賢江

中國的婦女運動雖開始於辛亥革命之役,但在思想上行動上都未走上婦女運動的正道。到了五四運動時比較的進步有許多女學生出而參加,不過仍沒有覺悟到真正自身的權利。直到民十三孫中山先生主張召集國民會議解決政局的口號提出各地有促成國民會議的運動,而女界國民會議促成會的組織也幾乎遍於各省。這是婦女參加政治革命的先聲;及至五卅運動發生全國各地的女學生大都參加尤其是上海廣州漢口等地的女工能有組織地參加反帝國主義的大罷工,這兩種事實是以證明中國婦女已經覺醒,中國革命的女學生和勞動婦女的聯合參加國民革命便是中國婦女運動走上正軌。

就中國全國講大多數婦女尚拘拘於舊禮教的圈套,在已經表現着的幼稚的婦女運動裏因她們家庭經濟背景的不同,也有各異的傾向。第一是代表貴族和資產階級的婦女運動在中國開始最早,所要求的是「男女平權」和「女子參政」等如婦女參政協會便是屬於這派的。第二是受着帝國主義經濟和文化的影響而買辦階級化的教會婦女運動他們的中心思想在建設個人享樂的小家庭和做一些不澈底的婦女慈善事業。第三是小資產階級的婦女運動,她們不僅要求「平權」「參政」以及「女性保護」還能要求經濟制度與家庭組織的改造如以前各地的女權運動大同盟(民十一發生)以及前年上海的婦女國民會議促成會現在上海的各界婦女聯合會都屬於這一派。其中特別是女學生國民會議促成會現在上海的各界婦女運動自然也極幼稚但四五年來女學生已漸漸有傾向革命之可能。第四是無產階級的婦女運動這派的運動在廣東的農村婦女運動比較發達,在上海漢口天津為女工集中地故女工運動(如民國十三年上海絲廠女工大罷工即是一例)在輕工業如紡織業繅絲業煙草業及火柴業中資本家樂於雇用女工童工及青年工人據調查上海的紡織工廠女工占工人全數百分之七十至八十而女工及男工中尤以十六歲以下的童工占多數其他繅絲煙草火柴等業也是女工及青年占多數。

講婦女運動的組織除婦女參政協會與女權運動大同盟等太太式或小姐式的以外有去年各地所組織的女界國民會議促成會曾參加國民會議全國代表大會當大會閉會時由十三個地方女代表發起一全國各界婦女聯合會現在各地多有分會宗旨在結合各界婦女要求女子在社會上的真正平等地位以謀自身之一切實解放。在廣東方面當去年反帝運動中廣東婦女解放協會與女權運動同盟會聯合各女子團體發起一個「婦女救國會」分為救傷團及募捐團兩部救傷團是一種救

何洛 与 刘尊一

何洛（？—1927），又名大同、幻生，重庆涪陵人。上海大学社会学系学生，参加上海工人三次武装起义，是第三次武装起义胜利后成立的上海特别市临时政府委员。四一二反革命政变后被捕遇害。

刘尊一（1904—1979），四川合江人。1923年就读于北京大学，同年底参加中国共产党。五卅运动期间参加北京大学组织的"救国团"，任宣传部部长。1926年，进入上海大学社会学系学习。1927年3月，参加上海工人第三次武装起义，任中共江浙区委候补执委兼区委妇女部书记。四一二反革命政变后与何洛同时被捕。何洛被杀害后，因有身孕而被保释出狱。后嫁给国民党白崇禧部政治部主任潘念之。先后到日本、苏联、英国留学。新中国成立后，从事教育工作。

"将革命进行到底"

1921年夏,"刘尊一得陈愚生、王德熙、穆济波、刘四英四先生的资助——每人法币五十元。未经父母的同意,就前往北京求学。在那里,她经邓中夏、李大钊两先生的介绍,考进北京'女子高等师范学校'补习班学习,与赵世兰、赵君陶、郑育才、刘亚雄、蒲振声、张平江等同学,在邓中夏、李大钊两先生的教诲下,经常阅读《新青年》《向导》等书刊,使刘尊一的革命思想逐渐萌芽"。[①] 据刘尊一回忆:"那时我们都是二十来岁的青年,面对着军阀混战,列强欺侮,灾难深重的祖国,无限忧虑。邓中夏同志等组织的少年中国学会,为我们这些青年学生指出了救国图强的光明道路。"[②]

1923年,刘尊一考入北京大学政治系,"在北大接受了陈启修、陈独秀、高一涵、李大钊和鲁迅诸名师的教育,又受'少年中国学会'革命领导人李大钊、邓中夏、黄日葵等的影响,成为学生运动的中坚分子。时经刘伯青同志、邓中夏先生的介绍,参加过中国共产党领导举行的会议,学习马克思列宁主义的理论,培养了她的革命思想"。这期间她因积极从事革命活动而难以在北京立足,1926年夏秋之间,刘尊一在北京被捕出来后,党组织让她转入上海大学。[③]

在上海大学期间,由北京师范大学转入上海大学的何洛,经常找刘尊一谈话,思想也很进步,后经刘尊一向党组织反映,由罗亦农、赵世炎介绍入党。两人情投意合,于1927年元旦结婚。据刘尊一回忆:"我的爱人何洛同志,中共党员,和我是上海大学的同学。一九二七年担任上海学联主席,兼全国学联代主席,在周总理的领导下参加了上海工人第三次工人武装起义,是起义成功后成立的上海市民政府委员。"

何洛之所以能做上海市民政府委员,其中还有一段轶事。据刘披云回忆:"市

---

① 刘毅一:《回忆大姐刘尊一的一生》,中国人民政治协商会议四川省合江县委员会文史资料委员会等编《合江县文史资料选辑》第9辑,1990年印。
② 刘尊一:《回忆周总理对我的教导》,中国人民政治协商会议四川省重庆市委员会文史资料研究委员会编《重庆文史资料选辑》第5辑,1979年印。
③ 刘尊一:《赵世炎事迹片断》,中共中央党史研究室科研究管理部编《赵世炎百年诞辰纪念集》,中共党史出版社2001年版。

政府委员名单中，原来有我。吴稚晖在会上反对我当政府委员，说："学生的任务是读书，不应该参加政府。"还点名骂了我一顿。三月上旬，他写了份弹劾书，又点名骂我粗暴。对这个问题，罗亦农作了让步，他对我说："委员你不要当了，让何洛当吧。"为什么要换何洛？因为我在五卅时是活动分子，公开的共产党员，政治面目比较红。其实，何洛也是共产党员，不过他新从北京师范大学转到上海大学学习，不出名，吴稚晖他们不知道他是党员。把我换成何洛，其实是一样的。我当然马上同意了这个意见。"①

1927年四一二反革命政变次日，何洛与刘尊一在上海法租界被捕。何洛牺牲，怀有身孕的刘尊一坚强地活了下来。据刘尊一回忆："我遭到敌人的酷刑，何洛同志又壮烈地牺牲了，我于4月底悲愤填膺地写了一封信给江浙区委报告情况，请予指示。信中沿用当时江浙区委的代号'珠'，称'珠姐'，说是我的女同学，把这封信托程其英（即程远，当时系伪政治部主任陈群的女秘书，四川同乡，是被捕前一天由郝兆先介绍认识的）送给郝兆先同志转去。区委同志接到后用铅笔回了个便条，署名'姊珠'，嘱我好好养伤，坚定下来，全家人都在担心，但都很好，并附了50元现钞，作医药费。后来我于5月初又照上述途径再写了一封信去，请示我可否打胎，以便无牵无挂地投入战斗。这次接到的回信，是用红墨水笔写的，看得出这是世炎同志的笔迹，信中嘱我善自珍摄，应该把孩子抚养成人，以保存其亡父模样，并告以正在设法进行营救，一家人都很好，将来还会更好的，后面仍签名'姊珠'。我偷偷地看了又看，读了又读，感动得哭了。……5月底，我由于受到敌人酷刑审讯后，创

1927年1月5日，《申报》刊登《上海妇女代表大会招待各界》的消息，刘尊一在会上作报告

① 《刘披云同志谈罗亦农和上海市民政府》，中共湖南省委组织部、宣传部、党史研究室编《罗亦农诞辰一百周年纪念集》，湖南人民出版社2002年版。

爱 在 上 大（1922—1927）画传——激荡年代的爱情

1927年6月27日，《申报》刊登《刘尊一解宁究讯》的消息

伤未愈，又痛悼何洛同志的壮烈牺牲，兼之当时还怀孕四五个月，身体时感不适。同时还由于当时所谓国民革命军第二路总指挥部秘书长潘宜之怀着私人目的，大显其'殷勤'的手腕之故，遂被允许暂时出去治病，后被送往法国医院；但在此治疗了一个月左右，病反加重了，大约在6月底7月初，敌人不顾我的病情，把我转押到南京伪'清党委员会'军法处。在从法租界巡捕房押到伪淞沪警备司令部等候火车时（大约等了半天），程其英走进来看我（她的办公室就在这个楼上），告诉我说：共产党的重要机关被破坏了。我震惊地问她是怎么一回事，情况怎样，她说：总有人是'识时务'的。……当晚我被押到南京去了。我到南京被押在第一监狱，直到8月20日后和刘竹贤同志等一齐出狱……"

为纪念何洛，刘尊一给孩子取名"则仁"，她说此举是望儿子"以杀身成仁者为法则。继承父志，将革命进行到底！"

1927年3月23日，上海特别市临时政府召开第一次执行委员常务会议。前排左起：何洛、王景云、罗亦农、王小籁、杨杏佛、汪寿华；后排左起：林钧、侯绍裘、顾顺章、郑毓秀（女）、丁晓先、王汉良

婦女求得承繼權的根本解決

劉尊一女士

（一）女子在社會上的地位——（二）承繼權不平等的狀況——（三）女子應爭求承繼權，經和經濟上的一部分痛苦——（四）如何得到承繼權的真正平等——（五）結論

（一）

現在的社會，是畸形的，男性中心的。女子的人格以及一切權利都是被剝奪了。——女子在社會上的人格以及一切權利都是被剝奪了。

女子在法律上，——私社，公法，刑法，民法，國籍法，——在政治上，是被統治者，沒有國民及市民權。在經濟上，都沒有獨立支配權。在婚姻上，——沒有一方面有全權的。

尤其在經濟上，女子沒有處理財產權，及承繼權，使女子最感痛苦。——女子工作的報酬，或者自己的集有物，——都沒有獨立支配權。——非交給家長或丈夫不可。我國的遺產制，女子是沒有承繼權的。——由處分的獨立權的。其他可過徧之，一家裏面，

（二）

其實，這三點，都是社會暴產生的，不平之至的。假若站在男女平等的觀點上看，這完全是不通之論。第一，一般人（尤其是中流社會人）所提倡的小家庭制度來觀，家庭中是要打被依賴性的；經濟的負擔，應該男女各半。若是女子除了妝裝之外，沒有一點本身可以獨立的——至於女子仰給於男子的形式就成立了嗎？常人總以為妝裝是男子的附贈品，這是何等謬說的見解呵！就第二點說，女子沒有財產的能力，他們的能力又比男子高出多少？況（1）女子沒有承繼權，生活由夫家負責，用不著自存自養。（2）女子沒有保存財產的能力，用不著財產。（3）女子不必自營職業，用不著爭。

普遍的女子沒有充分的能力，這是由於社會制度不良所致呢？還是女子之不如男性的；而女子平日處處受壓制，那末，又何患女子無能力呢？當然慮比不等給男子，一切與男子同等的，那末，又何患女子無能力呢？

（三）

照上面看來，女子沒有承繼權，乃受影響很大而極痛苦的事。若是承繼權能夠得到，就可以漸漸得到經濟獨立的機會了。許多痛苦，都可以因此而藏和了。

我是根本反對遺產制的，但是，我的意見和蔡孑民先生一樣，在遺產制未取消以前，何必遵照圓滿方面，只能緩和經濟獨立的良好方法，——那般沒有遺產可享受的，——那般沒有遺產可享受的，自然是不平之後，漸漸得到經濟獨立，還是我們要求承繼權者之一，不是要女子爭得承繼權後，經濟可以獨立了。

實上際，女子因為沒有承繼權和財產保管權，在受教育的機會方面，家庭地位上，以及經濟上，受極大的影響與痛苦。

再就第三點說，人們以為女子不必自營職業，這也是女子當男子的附屬品看待的論調。女子若不過依賴的生活，就必須自營職業，使經濟獨立，這是不言而喻的。現在普通小資產家庭的女子，做點手工與家庭，以為伊等不要自己養活，何必拋圓場面，在外工作，受一份遺產可以一樣，享有承繼權。

唉！這是何等覆蓋女子人格的一種習慣例！

所以，我們不要以為女子爭得承繼權，經濟可以獨立了，——這豈就忽略了多數人（全體婦女狀況）的，說話也！——而且案體說來？這仍然是不平等的事呀！

（四）

但是，女子究竟怎樣才能夠得到承繼權的真正平等，經濟的獨立呢？

我們知道，承繼權之不平等，是在私有經濟制度裏面存在的，也是由於私有經濟制度的產生。女子的經濟不能獨立，是被推翻這種經濟制度不可。因此我們想達到承繼權的平等，經濟獨立，非和盤推翻這種經濟制度不可。

我們要知道，——承繼權之不平等，是因為私有經濟制度的存在，所以要打破現存的經濟制度，女子才能在經濟上得到真正平等，女子要想得到獨立與平等，也非打破現存的經濟制度不可。我們要想得到經濟獨立的原因上，及恢復經濟獨立的方法上，都是相同的，——得到真正平等，經濟獨立，失了經濟獨立與平等，地位上，也失了獨立與平等……得到真正平等，要打破現存經濟制度不可。我們女子要想得到真正平等，作打破現存經濟制度的運動。——這是我們女子要得到真正解放，求一切平等的唯一出路！希望大家共

（五）

要因當目前的支配運動，而親親了根本解決的方法呀！作者以為女子遺產繼權之是支配的心，不會經人與受人助。自然人有組織，人人皆有相當的程度，社會有組織，人人皆善助其產品，如此人人所有的資產不會過多，也不會過少，而且人人皆有組織，人人皆善助其產品，如此人人所有的資產不會過多，也不會過少，——作者以為現在的資本制度來說，——究竟，若社會組織得好，人人皆有相當程度，社會有組織，人人皆善助其產品，如此人人所有的資產不會過多，也不會過少，而且人人皆有組織，人人皆善助其產品——的「共產制」好得千萬倍。但此為大問題，不是少數話所能盡，待到有機會時再從長討論就是。

「集產的社會主義」，個人各得到充分的自由，不是少數話所能盡，待到有機會時再從長討論就是。

（編者）

1927年，《新文化》第2期刊登劉尊一《婦女求得承繼權的根本解決》一文

余泽鸿与吴祥宝

余泽鸿（1903—1935），原名世恩，字因心，四川长宁人。1921年，就读于泸州川南联合县立师范学校，其间受教师恽代英影响，加入中国社会主义青年团并任团支部书记。1923年，进入四川外语专科学校学习。1924年9月，进入上海大学社会学系学习。1925年春，加入中国共产党，任上海学联党团书记。1927年2月，在中共上海区委全体会议上当选学生运动委员会主任；同年3月，负责训练上海学生军，协助组织上海工人第三次武装起义。四一二反革命政变后，任中共湖北省委秘书长。1928年初任中共中央组织部秘书，1929年夏接替邓小平任中共中央秘书长。长征开始后，任中共中央直属纵队干部团政治科长兼上级干部团政委。1935年2月，任中共川南特委宣传部部长、游击队政治部主任，后任中共川南特委书记、川滇黔边区特委书记、游击纵队政委；同年12月在战斗中牺牲。

吴祥宝（1904—1933），又名静焘、蔷葆，江苏武进人。中国共产党党员。曾就读于上海大学中学部。四一二反革命政变后，与丈夫余泽鸿一起工作。后赴中央苏区任建宁中心县委宣传部部长、妇委书记。1933年牺牲。

"不失为廿世纪下大学生"

余泽鸿和吴祥宝都是深受五四运动影响的新青年。"年轻时代的余泽鸿受到五四运动反帝反封建斗争的影响,思想发生了变化,他为了摆脱封建家庭的束缚,于一九二一年暑期毅然离开家乡,考入泸州川南师范学校。恽代英在那里担任教务主任,后又担任校长。余泽鸿在恽代英的教育下,刻苦学习文化科学知识,积极参加马克思主义研究会的活动,还抽空到泸州郊区作社会调查,学业和思想觉悟不断提高。"①五四运动兴起时,吴祥宝正在常州崇贞女中读书,"在学校和社会进步思潮的影响下,她接受了民主思想,上街游行,参加宣传,募捐支援大城市工人学生罢工罢课,积极参加反帝反封建的民主进步活动"。②

1922年底,余泽鸿随恽代英到成都,次年秋考入成都外语专科学校。就在余泽鸿考入成都外语专科学校这一年,吴祥宝考入南京汇文女中读高中。其间,"其父要她与一个钱庄老板结婚。她强烈反对这桩封建包办婚姻,为争取婚姻自主,她在二哥吴维中的帮助下,于1925年11月毅然脱离家庭,出走上海。其父吴卓如带领数人赶到上海,强令她回家结婚,遭到严词拒绝。幸经上海妇女联合会出面调解,方才了结"。③

据吴祥宝自述:"我的家庭是一个老腐不堪的,顽固不化的家庭。平素把女子看作件奇货可居的东西,我的家庭中人除掉我的母亲外,类皆重男轻女,因为把男子认为是生产的,女子都是消费的——他们育养女子,不过认为极不幸的而又无可奈何的一件事,所以他们育养女子,不啻看作养牛马一般。唉!我真不幸,不幸而为这种家庭下的女子。……提议我的婚姻的时候,我即勇敢的反对,反对的理由是:我现在正值求学的时期,万万勿以女子当嫁为我的订婚条件。但我虽竭力反对,我父终不顾之,一味的专横执行,当我处于被压迫的非人的环境之中,

1925年,《学生杂志》刊登余泽鸿《研究社会科学的方法》一文

① 中共江西省委党史研究室编:《江西英烈》第4辑,1985年印。
② 崔梓江:《吴静焘》,中共福建省委党史研究室、福建省民政厅编《福建革命烈士传(五)》,福建人民出版社1991年版。
③ 中共江苏省委党史工作委员会、江苏省民政厅编:《江苏革命烈士传选编》,中共党史出版社1990年版。

余泽鸿与吴祥宝

简直达到声嘶力竭的地步了。但我一面抱着至死不屈的强硬态度，仍然不息地继续反对，……我的婚姻，有我的自主权，不容有旁人代为订定，更不容有交换的行为之处……后来我觉悟到我是生长在二十世纪的青年，为什么连区区的一个婚姻都不能对付？为什么因一时的婚姻不自由，即便牺牲了一个世纪的青年？于是经我这样一问，便立即把我自杀的念头辞却了，一变而为怎样对付家庭人的问题了，……我大哥即到寓所，大施其种种诱惑伎俩，而我即严格地批评他说：'大哥，你即为廿世纪下的一个大学生，就应该赞助我，一致反对此种交换品的婚约，与忠实地承认现代妇女的地位，方不失为廿世纪下的一个大学生。今兄即表示出这种态度，其于现代妇女之人格何！'……我父带警士及随从数人，意欲实行绑票，用武力压迫我归家，不料正值他拳脚交加于我的时候，即被站岗警士干涉。后来妇女联合会以我系该会会员关系，出面劝解，吾父理屈，默无一语。本可于此了结，而我父坚持请送警署，……幸经妇女联合会派代表保出，我交换品的婚约，就此始告了一小段落了。来日风云变幻正多！！吾惟哲死以待！！！"①

① 吴蔷葆：《旧婚制下的一个逃婚女子》，李言璋编著《余泽鸿烈士》，2002年印。

1925年，余泽鸿（后排左二）与长宁旅沪同学欢送旅京沪同学时合影

同走革命路

逃婚到上海后不久，吴祥宝进入上海大学中学部学习。在此之前，1924年余泽鸿进入上海大学社会学系学习。在上海大学期间，余泽鸿和吴祥宝相识相恋并结为夫妻。从此以后，两人几乎形影不离，一起从事革命活动。1927年四一二反革命政变后，吴祥宝随余泽鸿转移到武汉。余泽鸿任湖北省委秘书长，吴祥宝做机关内勤工作。1928年秋，两人一起调到中央组织部，余泽鸿任秘书并负责主编《组织通讯》《沪潮》《政治通讯》等党内刊物，吴祥宝仍做机关内勤工作，是余泽鸿的得力助手。1929年初，两人一起调到中共中央秘书处，余泽鸿任秘书长，吴祥宝协助工作。1930年夏，两人将子女托付给亲戚后赴天津从事革命工作。次年奉命进入江西中央苏区。1932年春，余泽鸿任宁都中心县委书记，吴祥宝任妇女部部长。1933年1月中旬，建宁中心县委成立，余泽鸿任书记，吴祥宝任常委兼宣传部部长、妇委书记。工作期间，吴祥宝不幸牺牲。4月29日，余泽鸿在哀恸中为妻子修墓立碑。两年后，余泽鸿在战斗中牺牲。

1930年夏两人将儿子托付给亲戚时，给他改名"虞蜀江"。据虞蜀江讲述："把'余'改成'虞'，读音不变，一则可以避免反动派的迫害，二则'虞'字含有我母亲吴的口天'吴'在内，这是父母双姓的结合，取名'蜀江'，蜀是四川，江是江苏，这是父母籍贯的结合，并包含了深厚的家乡情意。"

① 国家文物局主编：《中国文物地图集·福建分册（下）》，福建省地图出版社2007年版。1970年，建宁第一中学学生在凤山劳动时挖得墓碑一块。碑圆首，高0.56米、宽0.28米，正中刻楷书"吴静焘同志之墓"，左下方刻楷书"余泽鸿一九三三年四月二十九日"。同时出土还有吴静焘遗骨数块及铜质五星纽扣2枚，皮带铜钩1个。1982年，建宁县人民政府将其墓迁至滩溪河畔青云岭上。原墓碑由建宁县革命纪念馆收藏。
② 虞蜀江：《深切悼念我的爸爸余泽鸿》，中共长宁县委党史研究室编《长宁党史资料》1995年第2期。

2002年，李言璋编著《余泽鸿烈士》收录吴蔷葆《旧婚制下的一个逃婚女子》一文

沈泽民 与 张琴秋

沈泽民（1900—1933），中国无产阶级革命家。又名德济，浙江桐乡人。沈雁冰胞弟。1917年，考入南京河海工程专门学校。1920年7月赴日本东京帝国大学留学，1921年回国，为中国共产党发起组织成员。1923年底，任上海大学社会学系教授。五卅惨案后，任中国共产党出版的第一张日报《热血日报》编辑。1926年春，随由刘少奇率领的中国职工代表团赴莫斯科出席国际职工大会，会后留在莫斯科中山大学学习，后又到红色教授学院学习，1930年奉调回国。1931年1月，列席中共六届四中全会，补选为中央委员，后任中共中央宣传部部长；同年3月，任中共鄂豫皖中央分局常委、鄂豫皖革命军事委员会委员、鄂豫皖省委书记。1933年11月在黄安病逝。有《沈泽民文集》行世。

张琴秋（1904—1968），中国工农红军高级指挥员。又名梧，浙江桐乡人。1923年底，进入上海大学社会学系学习，其间参加平民女校工作。1924年11月，加入中国共产党。1925年11月，赴莫斯科中山大学学习。1931年4月，赴鄂豫皖苏区任苏维埃学校校长、红四方面军第73师政治部主任、红四方面军总政治部主任等。1934年1月，当选中华苏维埃共和国中央执行委员。后任中共川陕省委妇女部部长、红四方面军总政治部部长等。1936年11月，任西路军政治部组织部部长。1937年，在西路军突围中被俘，后经营救出狱回延安。曾任中国人民抗日军事政治大学女生大队大队长、中国女子大学教务处处长、中共中央妇女委员会委员、纺织工业部副部长。为第一届全国政协委员、第一至第三届全国妇联执行委员。1968年4月在北京去世。

同乡情缘

张琴秋和沈泽民都是浙江桐乡人。张琴秋在振华女校读书的时候,有个很要好的同学叫孔德沚,嫁给了沈泽民的哥哥沈雁冰,正居住在上海。张琴秋在爱国女校读书期间到孔德沚家去串门,在那里,她认识了沈雁冰和沈泽民。张琴秋从小能歌善舞,又喜欢绘画,在沈雁冰的支持下,她考取了南京美术专科学校。沈雁冰、沈泽民兄弟都是中国共产党早期党员,正好这时党组织决定沈泽民以担任建邺大学教授的名义到南京去开展党的工作,于是,在沈雁冰、孔德沚夫妇的叮嘱下,张琴秋和沈泽民结伴来到南京。

关于弟弟沈泽民与张琴秋的相识,沈雁冰也有回忆述及。他说:"上海大学的女学生多半参加了女工工作。与杨之华一起做女工工作的,还有她的好友张琴秋。琴秋是德沚的小学同学,这时也在'上大'学习,……通过德沚和之华的关系,她认识了泽民。"①

沈泽民(前)和胞兄沈雁冰在乌镇合影

1924年5月,沈泽民(站立者左三)、张琴秋(站立者左二)、杨之华(站立者左一)、恽代英(站立者右二)等在上海合影

① 茅盾著:《我走过的道路》,人民文学出版社1981年版。

良师益友

1940年,张琴秋在延安写自传时这样写道:"泽民同志是我一生中的良师益友。通过他,使我找到了党。从此,把我引上革命的道路,救出来我这只温柔的、又好似迷途的羔羊。否则,像我这样的人,至多不过当一名贤妻良母罢了。没有党的引导和帮助,决不会走上革命的征程。这是我永远忘怀不了的。"①

① 谢燕著:《张琴秋的一生》,浙江人民出版社2018年版。

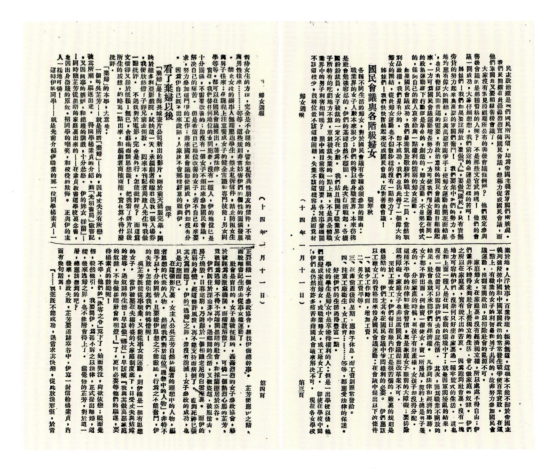

1925年,《民国日报》副刊《妇女周报》第68期刊登张琴秋《国民会议与各阶级妇女》一文

爱 在 上 大（1922—1927）画传——激荡年代的爱情

1920年，沈泽民在上海

原来，张琴秋考取南京美术专科学校不久，就因严重的伤寒病辍学而回到家乡，在母校振华女校做了一名代课教师。在张琴秋思想陷于苦闷之时，沈泽民通过写信开导她。

关于沈泽民和张琴秋的这段往事，沈泽民的嫂嫂孔德沚后来回忆说，沈泽民和张琴秋堪称郎才女貌，她早就看出来是天生的理想的一对。她为此试探过沈泽民的想法。沈泽民承认张琴秋长得漂亮，但认为她不是自己理想中的伴侣。不久，孔德沚发现张琴秋给沈泽民写信。情况大致是这样的：从前当学生的时候，张琴秋从课堂上学到了许多文化科学知识。现在又从工作中接触到社会上的一些实际情况，增进了她对中国社会的了解。北洋军阀政府的腐败无能以及社会上的种种不公平的现象，使她感到愤慨。同时，这些现象为什么会产生、怎么才能消除，又使她茫然不解。尤其是想到中国妇女的命运，再联系到自己今后的出路，更使她感到苦闷不安。为了弄清这些问题，张琴秋主动写信向沈泽民求教。她相信，沈泽民学识渊博，心地善良，一定会给她很多启发和帮助。此后，两人通信往来便日渐频繁。在信中，张琴秋坦率而恳切地讲述了自己的处境以及心中的苦闷。①

沈泽民在与张琴秋的通信中，不但从思想上对张琴秋进行开导，还给她寄去《新青年》《妇女之声》《社会科学概论》等进步书刊。张琴秋从中开始接触马克思列宁主义，对人生有了新的认识。

① 谢燕著：《张琴秋的一生》，浙江人民出版社2018年版。

结为伉俪

　　1923年底，沈泽民根据党组织安排到上海大学任教。同一时期，在沈泽民的建议下，张琴秋也辞去振华女校教职，再度来到上海，考进了上海大学社会学系。1924年4月，也就是在入学后不久，张琴秋由杨之华和徐梅坤介绍加入中国社会主义青年团；同年11月，加入中国共产党。就在张琴秋入党的这个月里，沈泽民和张琴秋正式结为夫妇。他们的婚礼很简单，只在照相馆拍了一张穿便装的合影。他们的新房与沈雁冰寓所相邻，在上海宝山路顺泰里14号楼上，杨之华和瞿秋白结婚后也成为他们的邻居。

1924年，沈泽民与张琴秋新婚合影

1922年,《民国日报》副刊《妇女评论》刊登沈泽民翻译《〈女权宣言〉序》一文

沈泽民与张琴秋

张琴秋（左）与丁玲（中）、张玛娅合影

红军女将领张琴秋

张琴秋（右二）与孔德沚（右一）、杨之华（右三）、沈雁冰在北京合影

张太雷与王一知

张太雷（1898—1927），中国无产阶级革命家，广州起义领导人。原名曾让，字泰来，江苏常州人。1915年秋，考入北京大学；同年冬，考入天津北洋大学。1920年10月，加入北京中国共产党早期组织；同年，共产国际代表维经斯基到北京同李大钊等人讨论建立中国共产党事宜，张太雷担任翻译。1921年春，赴苏俄任共产国际远东书记处中国科书记。1922年5月，当选中国社会主义青年团中央委员。1924年春，在社会主义青年团中央工作并任《民国日报》主笔；同年8月，任上海大学社会学系政治学、政治学史、英文等课程教授。1925年1月，中国社会主义青年团第三次全国代表大会在上海召开，会议决定将中国社会主义青年团改为中国共产主义青年团，张太雷主持会议并当选团中央书记。会后不久，奉命赴广州工作。1927年12月11日，与叶挺、恽代英、叶剑英、杨殷、聂荣臻等一起领导了广州起义并任广州苏维埃政府代理主席兼人民陆海军委员；同月12日，在率部与敌作战时牺牲。

王一知（1901—1991），原名杨代诚，湖南芷江人。1915年考入湖南桃源省立第二女子师范学校，1921年毕业后任向警予创办的溆浦小学教员。1922年2月，进入上海平民女校学习；同年8月，经俞秀松、刘少奇介绍加入中国共产党。1923年夏，进入上海大学学习；同年7月，中共上海地委兼区委决定将上海的中共党员按居住地编成五个组，第一组为上海大学组，王一知和上海大学教授瞿秋白、邓中夏、施存统等编在第一组；同年9月，任上海大学组组长。在上海大学学习期间，在向警予领导下从事妇女运动。1925年底，赴广州任邓颖超领导的广州妇女协会宣传部主任，主编《光明》周刊。四一二反革命政变后，长期在白区坚持地下斗争，担任党的地下电台收送密电的交通员。新中国成立后，先后任上海吴淞中学校长、北京一〇一中学校长兼党支部书记。1991年11月在北京病逝。

依遵母命

1918年夏，20岁的张太雷遵母命，由北京回常州和陆静华结婚。

陆静华（1899—1968），常州南乡人，自幼失去父母，依靠叔父长大。与张太雷结婚后在家侍奉婆母。与张太雷生育两女一子。长女西屏，1920年出生；次女西微（后改名西蕾），1922年出生；子一阳，1923年出生。1923年到1924年9月，张太雷在上海工作期间，曾将妻子陆静华及两个女儿接到上海一起生活，居住在慕尔鸣路中共中央机关内。①

后来因为张太雷的母亲有病，需要照顾，陆静华就带着孩子回到常州老家。1924年后，张太雷再也没有回过老家，但还是不时寄钱回家。②

1924年，张太雷与陆静华合影

张太雷与陆静华之女西屏（中）、西蕾（右）及幼子

① 刘玉珊、左森、丁则勤主编：《张太雷年谱》，天津大学出版社1992年版。
② 张西蕾：《父亲的英勇业绩和革命精神鼓舞着我前进！》，《回忆张太雷》，人民出版社1984年版。

清风多仰慕

王一知于1923年夏进入上海大学学习,张太雷则于1924年8月任上海大学社会学系教授,讲授政治学、政治学史、英文等课程。但其实早在1923年下半年中共基层组织上海大学组建立后,王一知和张太雷便在同一个党组织活动,逐渐相识相熟。和王一知、张太雷在同一个党组织活动的还有当时已在上海大学任职任教的邓中夏、瞿秋白,包括王一知的丈夫、社会学系教授施存统。据王一知回忆:"我们一些同学时常遇见太雷。听说太雷在第三次党代表大会开幕以前,即参加了预备会议,并与陈独秀、瞿秋白、蔡和森、毛泽东、向警予及马林等人一起参加了'三大'决议的起草和会议的组织工作。在第三次代表大会上,他是主张国共合作、反对张国焘关门主义最有力的人之一。在上海大学的接触中,我们常常由苏联革命经验谈到中国革命问题——革命阶段、性质和革命同盟军问题,劳工问题和妇女问题等,他给我们不少指教和解释。他的语言中没有华丽的词藻,总是在我们谈论得非常热烈或是有争论、有疑难的时候插进几句话。而他那简单的几句话,总是能深入到问题的本质,有不可争辩的逻辑力量,常使我们疑难解决,争论停止。他没有架子,总是朝气蓬勃、愉快活泼的。他还喜欢开玩笑,有他在场,总是谈笑风生,欢腾四座。"①

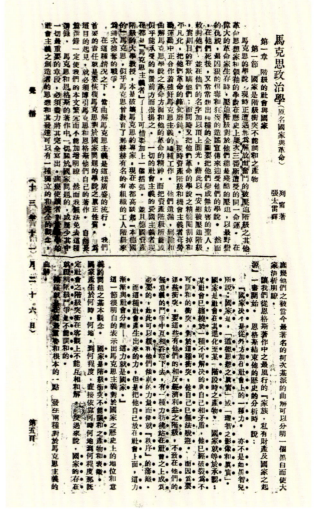

1924年11月26—29日,《民国日报》副刊《觉悟》刊登张太雷为纪念列宁逝世一周年赶译的列宁《国家与革命》第一章

① 王一知:《回忆张太雷》,《近代史研究》1983年第2期。

不惜红罗裂

1925年，中共中央机关和《向导》周报编辑部从慕尔鸣路的那幢小楼里搬走了，原来和张太雷住在一起的瞿秋白和杨之华也租房子另住，一下子空出了一些房子，施存统、王一知夫妇便带着孩子搬了进去。在随后的工作和生活中，由于王一知十分钦佩张太雷的才气学识，两人谈得非常投缘，不久便产生了恋情。

据《施复亮传》记载，有一次王一知带着她和施存统生的女儿不见了，只说是回了湖南老家。施存统追到湖南后，好友易礼容（1898—1997，字润生，号韵珊，湖南湘乡人。1921年加入中国共产党）告诉他，王一知并没有回湖南，而是躲在上海。后来王一知向施存统承认已和张太雷产生恋情。她明确表态说：我已经对不起你了，再不能对不起张太雷。施存统虽然思想上备受打击，非常痛苦，但最终还是接受了这个现实。①

1925年5月，中共中央决定调张太雷去广州任苏联顾问鲍罗廷的助手和翻译。8月15日，王一知经党组织批准，离开上海大学，到达广州，担任张太雷的助手。据王一知回忆："党的统一战线政策，使革命加快了步伐。一九二五年春，党派太雷去广州，担任广州国民政府苏联顾问鲍罗廷的助手。我在炎热的夏季，从上海去广州，协助太雷工作。从那时起，我就同太雷生活在一起了。太雷从到广州以后，一直到一九二七年国民政府迁到武汉，他都与鲍罗廷在一起，致力于统一战线工作，同时，还在广东区委负责宣传工作。我们住在鲍罗廷顾问的公馆里，鲍公馆坐落在广州东校场附近，是一所两层的花园洋房。鲍罗廷夫妇和他们的两个儿子住在楼上，有时，有些苏联军事顾问也住在楼上。我们则住在楼下。楼下还有一个翻译室，有几名翻译人员，专门从事当天各地报纸的翻译工作，译稿经整理之后供鲍顾问参考之用。记得翻译室中的人员有李仲武、黄平、傅大庆、卜

---

① 王水湘：《施复亮传》，金华县政协教文体与文史资料委员会编《金华县文史资料》第10辑，1999年印。

士畸等人,这个翻译室也归太雷领导,我协助太雷作日常的选材工作,常常是太雷和我两个人挑出要译的内容,分派有关人员去翻译。在太雷工作特别忙的时候,就由我来安排。"①

对于妻子王一知的离开,施存统虽然在心灵上遭受打击,备感痛苦,但在王一知带着他俩的女儿临别的时候,他还是到码头去送她们上船,还送给王一知一本由俄国作家屠格涅夫写的长篇小说《父与子》。②

1928年,苏联《真理报》刊登张太雷的照片以示悼念

20世纪50年代初,王一知与她和张太雷的儿子张知春合影

① 王一知:《回忆张太雷》,《近代史研究》1983年第2期。
② 王水湘:《施复亮传》,金华县政协教文体与文史资料委员会编《金华县文史资料》第10辑,1999年印。

爱 在 上 大（1922—1927）画传——激荡年代的爱情

张太雷（后排右二）在青年共产国际第四次代表大会期间留影

张太雷（后排左五）在共产国际第三次代表大会期间留影

张太雷为在黄埔军校演讲的鲍罗廷做翻译

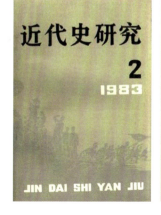

1983年，《近代史研究》第2期刊登王一知《回忆张太雷》一文

张秋人与钱希均、徐镜平

张秋人（1898—1928），学名慕翰，别号秋莼，浙江诸暨人。1920年，在上海结识陈独秀等，接受马克思主义，积极投身革命活动。1922年初，加入中国共产党。1923年5月，任上海大学英文教授兼中学部英文教员。1925年1月，中国社会主义青年团在上海召开第三次代表大会，当选团中央执行委员。1926年3月，辞去上海大学教职赴广州，先在毛泽东主持的第六期广州农民运动讲习所任教员，后任黄埔军校政治教官，与恽代英、萧楚女并称"广州三杰"。四一二反革命政变后，任中共浙江省委书记。1927年9月被国民党当局抓捕，1928年2月就义。

钱希均（1905—1989），浙江诸暨人。1922年，进入上海平民女校学习。1924年，加入中国社会主义青年团。1925年，进入上海大学中学部学习；同年，加入中国共产党。中央红军参加长征的30名女战士之一。曾任中共中央出版部发行科科长、交通员，中共顺直省委组织科、机要科科长，中央苏区《红色中华》报发行科科长。长征到达陕北后，任陕甘宁边区国民经济部秘书长。1946年，任中共上海沪西、浦东区委组织部部长。曾参与领导上海申新第九棉纺织厂工人罢工。新中国成立后，任轻工业部办公厅副主任。是第四、第五届全国政协委员。

徐镜平（1905—1986），原名诚美，浙江宁波人。"中国战时儿童保育会"发起人之一，常务理事。1924年9月，加入中国社会主义青年团。1925年，加入中国共产党。曾任教于苏州乐益女中、上海景贤女中、上海大学附中。与侯绍裘、张闻天、王芝九、侯绍纶等建立苏州地区第一个中共支部。曾筹办成城女子中学。后任上海纺织工业学校校长、上海纺织专科学校顾问。

犹似同胞亲

1898年，张秋人出生在浙江诸暨一户贫寒的农民家庭。祖辈几代都是勤劳忠厚的庄稼人，没有一个读书人，世代受尽了歧视和压迫。为了挣脱这种困境，张家长辈立誓省吃俭用也要培养出一个读书人来。因此，尽管家里穷得几口人同睡一张床，合盖一条被，还是供张秋人上了学。[①]

1905年，原名"汉英"的钱希均同样出生在浙江诸暨一户贫寒的农民家庭。钱家世代也以农耕为业，尽管她的父母租种着几亩薄田，终日劳作，却依旧不得温饱。钱希均出生后，家里生计更难维持，于是在她刚满月的时候，就被父母送给了邻近水霞（一说水下）张村的一户人家，当了"童养媳"。

张村的这户人家给钱希均"指定"的"丈夫"，就是张秋人。张秋人自小读书用功，尊敬长辈，品学兼优。由于出生在穷苦的农民家庭，又时长参加劳动，他对农民的疾苦和世间之不平有着深刻的了解和感受。1917年，十月革命爆发，马克思列宁主义传入中国，张秋人和当时许多有志青年一样，思想上发生了新的飞跃。这对小他七岁的"童养媳"钱希均也发生了不小的影响。1920年秋，一名女学生因病辍学，在家办起了识字班，教穷人家的孩子读书。钱希均竟偷偷跑到十几里外的识字班参加学习，一个多月后才被家人找到，她的上进和萌发出的反抗精神，暗暗得到张秋人的支持。张秋人自从懂事起，就反对家庭给他包办的婚姻，但他喜欢聪明伶俐的钱希均，始终将她当作妹妹看待和疼爱。

1919年，五四运动爆发，宁波也同全国一样，掀起了轰轰烈烈的反帝爱国运动。当时在宁波崇信中学求学的张秋人被推选为学生领袖之一，他发动、组织学生上街游行，发表演说，激起了工人、农民对帝国主义和封建军阀的极大愤慨。也正因为此，张秋人被新上任的美国人校长取消了资格。1920年夏，张秋人只

1990年，钱之光（钱希均之兄）为张秋人题词

① 钱希均：《忆秋人》，中共浙江省委党史资料征集研究委员会编《先驱的足迹》，浙江人民出版社1988年版。

张秋人与钱希均、徐镜平

身来到上海。就在这一时期，张秋人结识了陈独秀、俞秀松、施存统、沈雁冰、沈泽民、邵力子、沈玄庐等最早的一批信仰马克思主义的知识分子，他开始深入学习马克思主义的科学理论，积极投身革命活动。1921年，他加入了中国社会主义青年团，1922年初，又加入了中国共产党，并在党创办的上海平民女校担任义务英语教员。这一年夏天，他在陈独秀的介绍下，来到长沙会见毛泽东，应聘任衡阳湖南省立第三师范学校英语教员，并以此为掩护，积极参与湘南地区中国共产党领导的青年和学生运动。1923年5月，张秋人因发动学潮而被迫离开湖南重返上海。也就在这时候，经沈泽民、施存统介绍，张秋人来到上海大学担任教授。

张秋人在投身革命的同时，也没有忘记家乡的"妹妹"钱希均。

钱希均

革命引路人

1922年1月30日，张秋人给家中去信，信中嘱咐家人让钱希均赴上海做工读书。通过张秋人的介绍，钱希均进入上海平民女校学习。是年，钱希均17岁。

上海平民女校是中国共产党于1922年2月在上海创办的第一所培养妇女干部的学校。校长是中共中央宣传部主任李达，教员有陈独秀、张秋人、邵力子、沈雁冰、沈泽民等。共有学生30多名，年龄从12岁到30岁左右。学生文化程度参差不齐，有的已是初中生，有的却还需要启蒙识字，因此学校将学生分为高级、初级两个班。钱希均只上过一个多月的识字班，因此被分在初级班，而同时入学的丁玲等则被分在高级班。平民女校开设的课程有语文、算术、初级英语等，所有学生都要听政治时事报告，陈独秀、张太雷、张秋人、恽代英、施存统等人经常到校讲课。除了学习、做工，平民女校的学生还时常走上街头，向群众宣传革命道理，声援工人的罢工运动，将学到的革命理论应用于革命实践。

1923年2月，钱希均回到水霞张村。不久，张秋人也从长沙回到家乡，与钱希均举行了简单的婚礼。封建婚姻的形式并未成为两人革命工作的桎梏。不久，张秋人返回长沙，向毛泽东及中共湘南区委汇报工作。1923年9月，钱希均转入免费的绍兴女子师范读书。1924年9月，张秋人补选团中央委员，任团中央农工委委员。9月25日，张秋人任《中国青年》编辑。11月，钱希均加入中国社会主义青年团。

这段婚姻关系仅存在了不到两年。1924年12月10日，张秋人以《一个离婚问题的解决》为题，在《民国日报》副刊《觉悟》上公开了两人就婚姻问题致双方家长的信："我们因为没有爱情，遇事每多不能谅解，以致时常发生无意识的冲突，使双方都感受无限的痛苦。现在我们为免掉这种痛苦起见，情愿脱离夫

位于上海南成都路辅德里632号A（今老成都北路7弄42—44号）的平民女校旧址

妻关系，正式宣告离婚。自此以后，秋人以汉英为妹，汉英以秋人为兄。汉英在最近二年间（一九二五—二七年）求学费用，仍由秋人负担，但每年不得超过百元。"两人共同在这封信上签上了自己的名字。

在挣脱了婚姻的枷锁后，两人在上海大学仍时有交集。1925年1月，钱希均经中共中央组织部分配，被派往上海怡和纱厂工会任书记，同时继续在上海大学中学部读书至毕业。4月，加入中国共产党，并将自己原来的名字钱汉英改为钱希均，意为希冀天下公道，贫富均等。张秋人则在上海大学一直工作到1926年初。

1926年8月，钱希均调任中共中央上海出版部发行科科长兼中央秘密交通员，协助毛泽民工作。年底，钱希均与毛泽民结为革命伉俪。其后，钱希均曾任中共中央出版部发行科科长、交通员，中共顺直省委组织科、机要科科长，中央苏区《红色中华》报发行科科长。参加长征到达陕北后，任陕甘宁边区国民经济部秘书长。1946年任中共上海沪西、浦东区委组织部部长。曾参与领导上海申新第九棉纺织厂工人罢工。新中国成立后，任轻工业部办公厅副主任。①

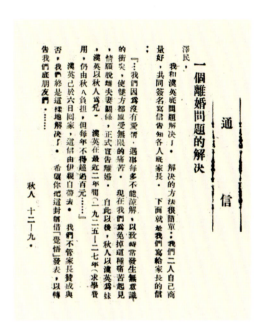

1924年12月10日，《民国日报》副刊《觉悟》刊登张秋人《一个离婚问题的解决》

平民女校旧址纪念铭牌

① 郑德金：《钱希均：从童养媳到〈红色中华〉报发行科长》，《中国记者》2022年第3期。

爱在上大（1922—1927）画传——激荡年代的爱情

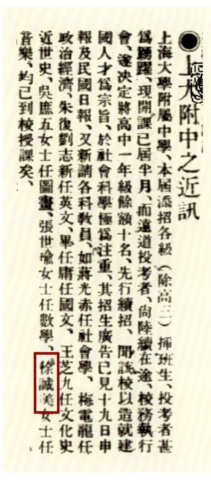

1926年3月20日，《申报》刊登聘请徐镜平（徐诚美）为上大附中音乐教师的消息

① 徐镜平：《回忆张秋人同志》，中共上海市委党史研究室编《上海党史资料汇编·第5编 党史人物》，上海书店出版社2018年版。

碧血映丹心

1924年春，在国民党左派人士杨守实的寓所，当时在上海大学任教的张秋人邂逅了原名"诚美"的徐镜平。徐镜平出生于浙江鄞县一户穷困人家，自幼丧父。当时，她正在宁波甬江女中读书。在与张秋人的交谈中，徐镜平渐渐认识到了反帝反封建的意义，了解了帝国主义侵略的罪恶，爱国热诚被激发起来。"在张秋人引导下，我渐渐认识了帝国主义、封建主义、官僚买办是我们的死敌，也开始明确了一个中国革命青年应该肩负的神圣使命。"①

1924年9月，经张秋人和潘念之介绍，徐镜平加入中国社会主义青年团，不久之后，与张秋人结为伴侣。为了革命工作，两人经常分隔两地。张秋人肩负党中央的指示，时长往返于上海、杭州、宁波各地开展工作。1926年3月，张秋人辞去上海大学教职赴广州，先在毛泽东主持的第六期广州农民运动讲习所任教员，后任黄埔军校政治教官，与恽代英、萧楚女并称"广州三杰"；同年，徐镜平来到上海景贤女中任职，兼任上海大学附中的音乐课教师。1927年2月，徐镜平得到党组织批准，来到广州与张秋人团聚。但旋即国民党右派发动四一二反革命政变，徐镜平取道上海辗转返回家乡宁波。在上海，她与唐棣华（阳翰笙之妻）暂借南市一家简陋的客栈栖身。一连数月，张秋人与徐镜平失去联系。直到8月，张秋人将徐镜平接回上海，同住在党中央宣传部。

四一二反革命政变后，张秋人被党中央派往浙江省委主持工作，任中共浙江省委书记。1927年9月，张秋人在杭州被捕。被捕前，他机智地用英语嘱咐徐镜平："我们遇着危险了，保持镇定，不要慌张！速将枕套拿走！"徐镜平依嘱回住处，携带藏有文件的枕套惊险逃脱。1928年2月，张秋人就义。噩耗传来，悲痛并未压垮徐镜平："死是压不倒我们共产党人的，活着的人必将加倍努力接

过烈士们的革命火炬继续前进!"①

1931年,毛泽东在和钱希均谈到张秋人时说:"张秋人同志是一个好同志、好党员,很有能力,很会宣传,很有群众基础。可惜他牺牲得太早了。"②

1928年2月10日,《时报》刊登张秋人等牺牲的消息

① 徐镜平:《沧桑巨变忆往昔》,中共上海市委党史研究室编《上海党史资料汇编·第2编 土地革命战争时期(下)》,上海书店出版社2018年版。
② 钱之光、钱希均:《回忆张秋人同志》,《人民日报》1981年8月6日。

爱 在 上 大（1922—1927）画传——激荡年代的爱情

1981年8月6日,《人民日报》刊登钱之光、钱希均《回忆张秋人同志》一文,其中记述毛泽东说："张秋人同志是一个好同志、好党员,很有能力,很会宣传,很有群众基础。可惜他牺牲得太早了。"

1938年1月,钱希均（右二）、毛泽民（右一）等在兰州八路军办事处合影

1983年,钱希均（前排左二）在新疆八路军办事处纪念馆参观后和老战友叙旧

张秋人与钱希均、徐镜平

1964年4月17日,钱希均(右二)与毛华初(左二,毛泽东侄子)等在毛泽东旧居前合影

徐静平祭奠张秋人

张秋人烈士之墓

陈望道 与 吴庶吾、蔡慕晖

　　陈望道（1891—1977），教育家、语言学家、《共产党宣言》首个中文全译本翻译者。原名参一，又名融，字任重，浙江义乌人。毕业于日本中央大学法科。1920年，参加《新青年》编辑工作。为中国共产党发起组织成员。中国共产党成立后，任中共上海地方委员会第一任书记。1923年退党；同年6月，任上海大学中国文学系主任、教授，讲授语法文法学、修辞学、美学等课程；同年8月8日，当选上海大学最高决策机构评议会评议员。1925年2月，兼任上海大学学务主任。1927年，任上海大学行政委员会主席，主持学校工作。后到复旦大学任教。抗日战争胜利后，任上海华东地区高校教授联合会主任。新中国成立后，任华东军政委员会文教委员会副主任兼文化部部长、复旦大学校长、华东行政委员会高教局局长。为中国科学院哲学社会科学部委员、全国政协常委、中国民主同盟中央副主席兼上海市主任委员。1957年，经毛泽东特别批示重新加入中国共产党。1977年在上海去世。著作有《修辞学发凡》《陈望道文集》等。

吴庶吾（生卒年不详），又名庶祐。先在杭州甲种女子职业专科学校任美术教员，后到上海艺术师范学校任舍监。曾就读于上海大学。

蔡慕晖（1901—1964），名希真，号葵，浙江东阳人。1926年，毕业于南京金陵女子大学。1927年，任上海大学教授。1930年，与陈望道结婚。新中国成立前，曾多次出席世界女青年协会代表大会，当选世界基督教女青年协会理事。新中国成立后，任上海震旦大学外语系代理系主任，复旦大学外语系教授、工会副主席，为上海市政协委员、上海市妇联执行委员、全国文联代表、中国民主同盟上海市委委员。

为六妹泣

张六妹是陈望道同村私塾先生的女儿。陈望道在18岁时奉父母之命与张六妹成婚。婚后生有两双儿女。张六妹虽尽力侍奉公婆，抚养儿女，操持家务，但常年在外的陈望道和妻子没有真正的感情，于是正式和张六妹提出分居并以兄妹相称。张六妹对丈夫表示理解和接受，搬回娘家居住。生活费则由陈望道按月寄达。不久，张六妹终因忧郁而去世。为此，在1921年6月28日《民国日报》副刊《觉悟》刊登的给刘大白的公开信中，陈望道对旧式婚姻酿成的悲剧进行了控诉："我近来的悲观，大半是为吾妹（指妻子张六妹，他们已约定以兄妹相称）因婚事夭死。你晓得我底泪是不肯轻易流泻的，这次我竟几次啜泣呢！我满身浸着我也在其中的婚制底罪恶底悲感。我满欲立时诅咒彼扑灭彼，但我一时却耐不了苦，却泣了！泣了却又自笑，因为我太是女性的了！……"

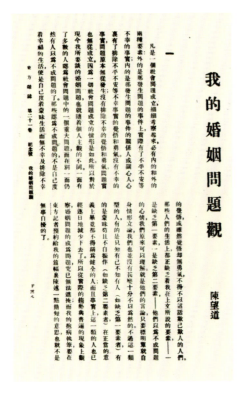

1924年，《东方杂志》刊登陈望道《我的婚姻问题观》一文

彩云易散

陈望道与张六妹解除了封建婚约后，又同吴庶吾结婚。吴庶吾，又名庶祜，先在杭州甲种女子职业专科学校任美术教员，后到上海艺术师范学校任舍监。陈望道在上海大学任教期间，曾和吴庶吾在一起生活过一段时间，不久就分开了。上海大学学生刘披云接受访谈时提及，四一二反革命政变时被捕的吴庶吾就是陈望道的妻子。①

① 刘披云访谈记录稿，王家贵、蔡锡瑶编著：《上海大学（1922—1927）》，上海社会科学院出版社1986年版。

琴瑟和鸣

蔡慕晖于1927年经陈望道介绍,到上海大学任英语教师。没有资料表明陈望道和蔡慕晖在上海大学期间已经有恋爱关系。陈望道和蔡慕晖结婚的日期是1930年。两人结婚以后,感情和谐,生活美满。①

陈望道、蔡慕晖的结婚请柬

陈望道、蔡慕晖夫妇合影

① 邓明以著:《陈望道传》,复旦大学出版社2005年版。

爱 在 上 大（1922—1927）画传——激荡年代的爱情

位于浙江省义乌市分水塘村的陈望道故居，陈望道在此翻译了《共产党宣言》

陈望道著《修辞学发凡》书影

老渔阳里2号,20世纪20年代陈望道主编《新青年》编辑部旧址

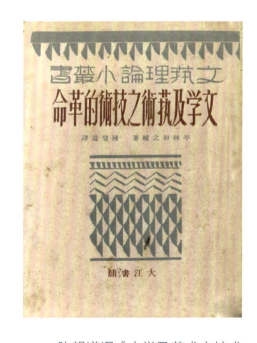

陈望道译《文学及艺术之技术的革命》书影(1928年)

爱 在 上 大（1922—1927）画传——激荡年代的爱情

1921年5月24日，上海女子美术学校励进会欢送吴庶吾（前排左六）赴法留影

吴庶吾画作

陈望道与吴庶吾、蔡慕晖

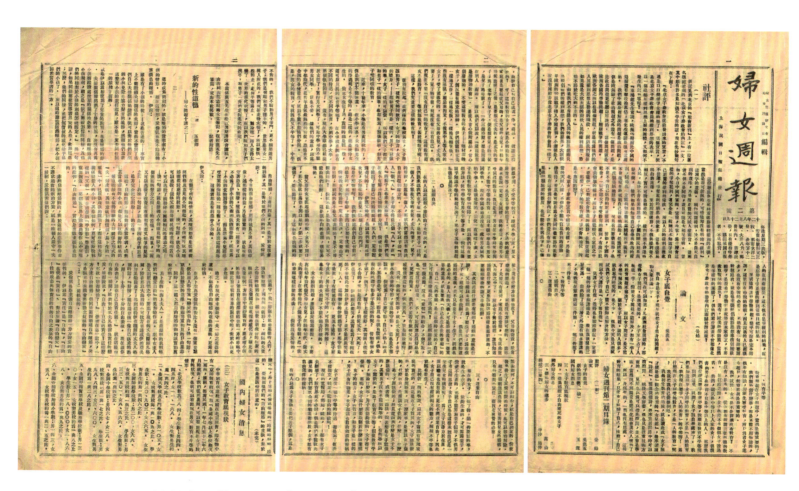

1923年8月29日，《民国日报》副刊《妇女周报》刊登吴庶吾《女子底自觉》一文

爱 在 上 大（1922—1927）画传——激荡年代的爱情

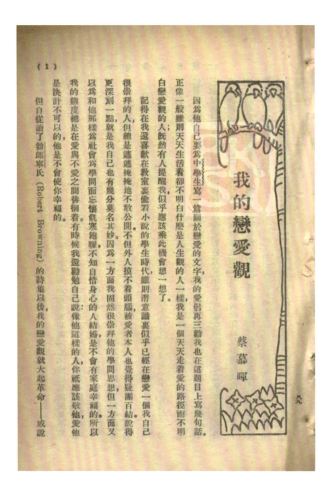

1932年，《中学生》第22期刊登
蔡慕晖《我的恋爱观》一文

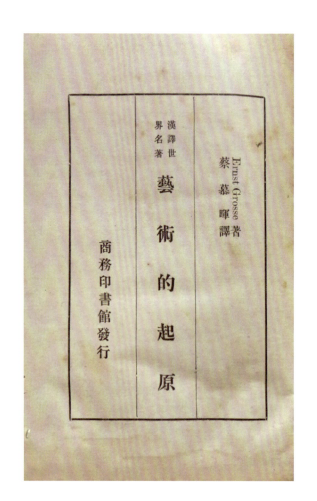

蔡慕晖译《艺术的起源》
扉页（1937年）

陈望道与吴庶吾、蔡慕晖

陈望道与蔡慕晖晚年合影

陈望道与蔡慕晖晚年合影

施存统与钟复光

施存统（1899—1970），爱国民主人士。改名复亮，浙江金华人。1917年，考入浙江省立第一师范学校。1920年，参加中国共产党发起组织；同年赴日本留学，创建旅日中国共产党早期组织。1921年回国，在中国社会主义青年团第一次全国代表大会上当选团中央书记，是中国社会主义青年团中央第一任书记。1923年秋，任上海大学社会学系社会思想史、社会问题、社会运动史等课程教授（上海书店出版的《社会科学讲义》收录其课程讲义）。1924年10月后，任上海大学社会学系主任。1926年下半年离开上海大学，任黄埔军校政治教官、武汉中央军事政治学校政治部主任。四一二反革命政变后脱党。1945年，参与筹建中国民主建国会，任常务理事。1949年，出席中国人民政治协商会议第一届全体会议，当选全国政协常委。新中国成立后，任劳动部副部长等。是第一至第三届全国人大常委会委员、第一届全国政协常委兼副秘书长、第二至第四届全国政协常委。1970年11月在北京病逝。

钟复光（1903—1992），重庆江津人。1919年，就读于四川省立第二女子师范学校。1923年，进入上海大学社会学系学习，其间在向警予领导下从事妇运工作。1924年冬，加入中国共产党。1925年6月，以上海大学学生代表身份赴南京、芜湖、安庆、九江、武汉、长沙、宜昌、沙市、重庆等地宣传五卅运动，说明五卅惨案真相；同年8月完成任务返校，任中共上海区委妇女委员会书记。1926年春，根据党组织安排任黄埔军校武汉分校女生队政治指导员。1927年5月，率领女生队参加平定夏斗寅叛乱。新中国成立后，任北京经济学院图书馆主任、办公室副主任，为全国妇联执委、全国政协委员。1992年在北京病逝。

复光复亮

1968年11月,钟复光在亲自写就的《施复亮传略》中专门讲述了自己和施存统相识相爱的历程:

"在这里,我要插叙一段自己的经历,以说明我和施存统认识的渊源。

"我是1924年四五月间在北平女高师补习科读书,接上海大学总务长邓中夏老师函召而到上海的。1921年我在重庆多次听邓中夏在夏令讲学会上的演讲,很敬佩他,因此经常向他请教。后来邓离开重庆,我一直和他通讯。记得他给我的第一封信中附有三首诗歌。一首题为《过洞庭》,再一首是《问》:'光明在山顶,可是,山前山后,荆棘丛丛,山左山右,豺狼阻路。青年朋友们!去呢,不去?'还有一首《石匠》:'好好一块石头,偏偏被他打坏,未经一日功夫,打成一个石凳,既很光滑,又很好看。要有建设,先有破坏;世界的公理,自然的淘汰。'邓老师是这样教育启发我的。到了1924年春,我在北平女高师看了《新青年》《社会主义论文集》,思想上又有所变化,因此想放弃学教育的计划,改学社会学,

1927年,施存统、钟复光夫妇在武汉黄埔军校合影(施存统任教官及政治部主任,钟复光任女生指导员)

施存统与钟复光

探索社会何以有贫富之分和男女不平等的根本原因。是年三四月间，我把自己的想法写信告诉邓中夏。他立即回信说：'上海大学在社会科学方面是独树一帜的'，鼓励我去沪就学。我在同学杨筱莲的资助下，5月间到了上海。当时上海大学在西摩路的校舍正在修理，邓中夏安排我住在兴业路兴业里1号向警予大姐住的地方（她回湖南未归）。"不久毛泽东和杨开慧带着孩子来上海，住在钟复光楼上，于是钟复光又搬到淡水路团中央办公的地方，住在楼上亭子间里，萧楚女住在楼下。当时恽代英也在上海大学教书。邓、恽两位几乎天天来，在前楼编《中国青年》。他们经常帮助、教导钟复光。两个多月后，钟复光才搬到上海大学的女生宿舍。钟复光在上海大学社会学系学习时选了施存统主讲的三门社会学课（社会问题、社会思想史、社会运动史）。当时系主任是瞿秋白，他讲哲学概论。1924年秋冬之间，向警予由湖南回沪，就来找钟复光，和她谈筹备女界国民会议促成会事。之后，向警予和邓中夏介绍钟复光参加了中国共产党。由于组织和教学的关系，这时钟复光和施存统已经很熟悉了。

1927年，施存统与钟复光合影

爱 在 上 大（1922—1927）画传——激荡年代的爱情

"1925年五卅惨案发生之前，存统的伴侣王一知带着女儿（后来死了）离开了他。存统虽遭受了家庭间的挫折，但五卅惨案发生后，他仍积极参加反帝运动，对学生和工人做了不少宣传工作。1925年秋冬之间，存统开始给我写了许多信，向我求爱。我表示，'作为终身伴侣，应当要有人格的了解，学问的切磋，事业的合作'；又认为，'人生最切要的是如何创造自己，如何裨益社会'。他说，'相互创造自己，协力裨益社会'。由此，他改名复亮，并刻了一颗'复光复亮'的图章，以示决心。他又写了一首打油诗：'复光复亮，宗旨一样，携手并行，还怕哪桩！'这样，我们经过半年多的通讯、交谈，意见一致，感情融洽，遂于1926年春结婚。"①

据载，施存统遭家庭变故后，陈独秀还开导过他，并说：钟复光不是很好吗？你们可以谈谈。②

1929—1931年，施存统和钟复光合译的《近代社会思想史》《苏联经济政策及社会政策》等先后出版，在社会上产生一定影响。1940年8月，施存统与钟复光在重庆生下他们的第三个孩子，取名光南，即后来成为新中国人民音乐家的施光南。

① 钟复光：《施复亮传略》，全国政协文史资料委员会编《文史资料存稿选编·军政人物（下）》，中国文史出版社2002年版。
② 王水湘：《施复亮传》，金华县政协教文体与文史资料委员会编《金华县文史资料》第10辑，1999年印。

见证施存统、钟复光爱情的图章"复光复亮"

施存统、钟复光和儿子施光南合影

施存统、钟复光和儿子施光南合影

爱 在 上 大（1922—1927）画传——激荡年代的爱情

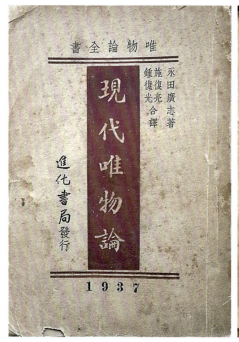

施复亮、钟复光译《现代唯物论》《苏联经济政策及社会政策》书影

施存统故居，位于浙江省金华市源东乡东叶村，为排五两插厢七间二层楼房，是施存统与钟复光抬石挑砖亲自建造的，并请于右任题匾"半耕半读"

施存统与钟复光

施存统与钟复光合影

施存统、钟复光和他们的女儿施月明（左一）、女婿曹荣生（左二）、长子施洪宇（左三）、次子施光南合影

蒋光慈与宋若瑜

蒋光慈（1901—1931），作家。原名如恒，又名侠僧、侠生、光赤，安徽六安人。1920年秋，在上海外国语学社学习俄语；同年冬，加入中国社会主义青年团。1921年5月，赴莫斯科东方大学学习；同年，在共产国际召开的远东各国共产党及民族革命团体第一次代表大会上任俄语翻译；同年，加入中国共产党。1924年回国，任上海大学社会学系世界史、俄文课程教授。1925年2月，参加创造社。1926年，创作出版《少年飘泊者》。1927年11月，创作出版反映上海工人武装起义的中篇小说《短裤党》，为中国无产阶级革命文学最初的成果之一。1928年1月，参与创立由中国共产党领导和组织的第一个革命文学团体太阳社。1931年8月在上海病逝。

宋若瑜（1903—1926），乳名小汝、汝妮，曾用名如玉，字文彩，河南汝南人。1919年，参加河南开封第二中学青年学会。1920年，进入河南省立第一女子师范学校学习，为妇女同志会成员、《女权》杂志主编。1922年，进入南京东南大学学习。1924年，在河南信阳省立第二女子师范学校任英语教师。1925年，在南京东南大学教育系复学。1926年11月6日在九江牯岭病逝。

牯岭遗恨

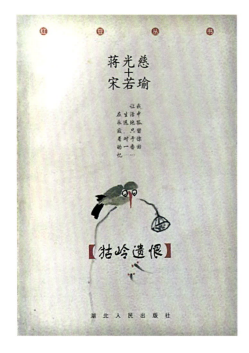

《牯岭遗恨》书影（2002年）

1920年3月，蒋光慈以"侠生"之名在河南开封第二中学青年学会会刊《青年》第四期上发表新诗《读〈李超传〉》，引起宋若瑜的关注。宋若瑜致信蒋光慈，主动要求结为精神上的良友，两人开始通信。1924年秋，蒋光慈致信宋若瑜表白爱意，自比为《夜未央》中的华西里，且视宋若瑜为华西里之爱人——女革命党人索菲亚。宋若瑜复信。两人热恋之时，蒋光慈正在上海大学任教。1925年，蒋光慈、宋若瑜第一次在南京相见，同游陶然亭，情意更浓。奈何宋家顾虑蒋光慈家有童养媳，反对两人交往，蒋家亦催促蒋光慈回乡完婚。两人关系出现阻滞。7月，蒋光慈解除与童养媳的关系，与宋若瑜正式确定恋爱关系。1926年2月，蒋光慈由上海赶往开封看望病重的宋若瑜，两人感情愈加深厚，宋若瑜的病情亦有好转。7月，宋若瑜到上海帮助蒋光慈誊抄手稿，多年相思终得相伴。1926年8月，蒋光慈与宋若瑜在上海卡德路（今石门一路）寓所完婚。9月，宋若瑜肺病复发，入住江西牯岭医院，蒋光慈陪伴照应。11月6日，宋若瑜病逝于牯岭，蒋光慈将其葬在当地。回沪后，蒋光慈难掩哀思，著有《牯岭遗恨》。次年11月6日，蒋光慈在宋若瑜的周年忌日，将他们的通信以《纪念碑》为名集结出版。1931年8月31日，蒋光慈同因肺病在上海虹口同仁医院病逝，临终时犹念及宋若瑜之名。①

---

① 《蒋光慈宋若瑜爱情年表》，蒋光慈、宋若瑜著《牯岭遗恨》，湖北人民出版社2002年版。

在《纪念碑》的序中,蒋光慈写道:"我曾幻想与若瑜永远地同居,永远地共同生活,永远地享受爱情的幸福。但是在这一生中,我统共只与她同居了一个月,短促的一个月!唉!这是她的不幸呢还是我的不幸呢?我陷入无底的恨海里,我将永远填不平这个无底的恨海。在此填不平的恨海中,让这一本书信的集子做为永远不灭的纪念碑罢!……"①

集子收录了蒋光慈和宋若瑜往来情书共97件,其中蒋光慈致宋若瑜40件,宋若瑜致蒋光慈57件。从这些书信中可以看出蒋光慈和宋若瑜之间恋情爱情的炽烈。

① 宋若瑜、蒋光慈:《纪念碑》,亚东图书馆1927年版。

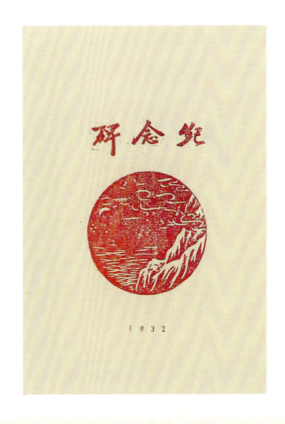

《纪念碑》书影(1932年)

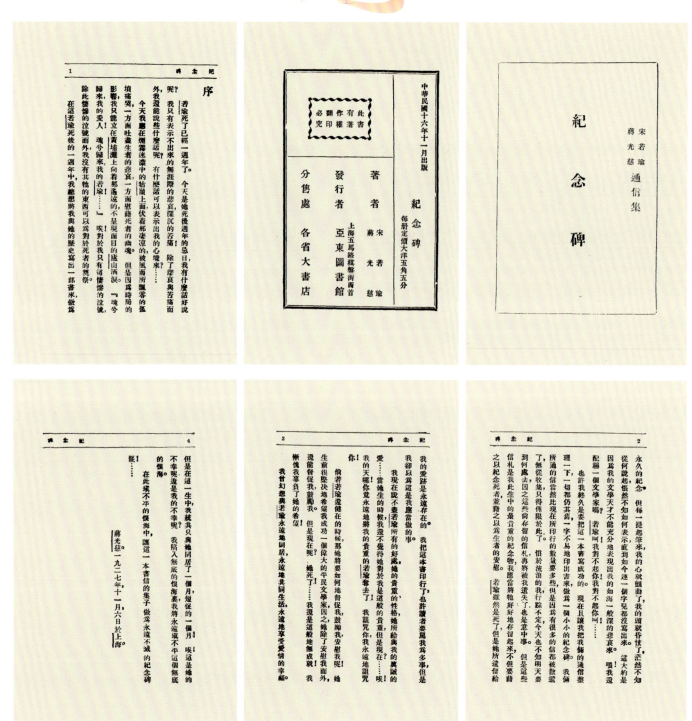

1927年版《纪念碑》扉页、版权页和序言

 蒋光慈与宋若瑜

蒋光慈

1927年版《纪念碑》内页刊登的宋若瑜照片

爱 在 上 大（1922—1927）画传——激荡年代的爱情

蒋光慈著《短裤党》书影（1927年）

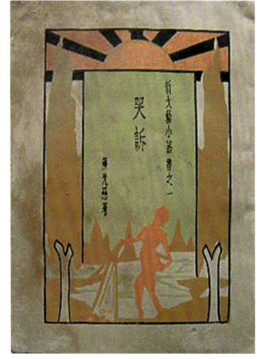

蒋光慈著《哭诉》书影（1928年）

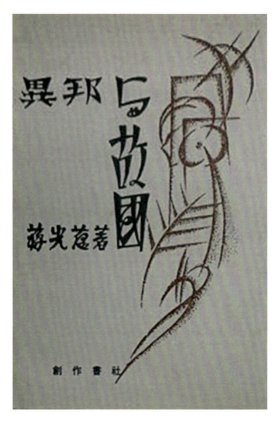

蒋光慈著《异邦与故国》书影（1930年）

蒋光慈与宋若瑜

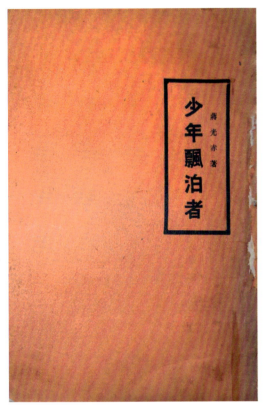

蒋光慈著《少年漂泊者》书影（1932年）

蒋光慈（右一）与俄国诗人皮涅克合影

蔡和森与向警予

蔡和森（1895—1931），中国无产阶级革命家，中国共产党早期领导人。又名龢仙，字润寰，号泽膺，湖南双峰人。1913年秋，就读于湖南省立第一师范学校。1915年夏，转入湖南高等师范学校，其间与毛泽东一起组织进步团体新民学会，创办《湘江评论》，参加五四运动。1919年12月，赴法国勤工俭学。1921年，与周恩来、赵世炎等筹组中国共产党旅欧早期组织，是法国支部的创始人之一；同年回国，12月加入中国共产党。1922年起，任中共中央机关报《向导》周报主编，撰写大量论著，宣传党的路线、方针和政策。1923年秋，任上海大学社会学系社会进化史课程教授（1924年8月，其所编讲义《社会进化史》由民智书局列入"上海大学丛书"出版）。1925年，参加领导五卅运动；同年，赴苏联出席共产国际第五届执委会第六次扩大会议，会后任中共驻共产国际代表。1927年回国，任中共中央秘书长。八七会议后，任中共中央北方局委员、宣传部部长，中共中央宣传部部长。是中共第二届中央执行委员会委员，第三、

第四届中央局委员，第五、第六届中央政治局常委。1928年底，作为中共驻共产国际代表团成员派驻莫斯科。1931年回国后，任中共两广省委书记；同年6月在香港被捕，8月在广州就义。

向警予(1895—1928)，中国无产阶级革命家，中国早期妇女运动领导人。原名俊贤，湖南溆浦人。土家族。早年在家乡创办新式学堂。1919年，参加新民学会，赴法国勤工俭学。1921年回国。1922年，加入中国共产党，任上海平民女校教员。1923年9月12日，中共上海地方兼区执行委员会第12次会议讨论党员重新编组问题，向警予被编在第一组上海大学组。其间，经常到上海大学参加党的会议，领导上海的妇女运动。上海大学的女学生杨之华、张琴秋、王一知、钟复光等都在她的领导下从事妇女运动，并都成长为中国妇女运动的领导和骨干。1924年，兼任国民党上海执行部妇女部负责人。1925年5月，任中共中央妇女部主任。曾领导上海女工进行罢工斗争；同年10月，赴莫斯科东方大学学习。1927年回国后，在中共汉口市委宣传部和市总工会宣传部工作，又任中共湖北省委党报《大江报》主笔、省委负责人之一。是中共第四届中央局委员。1928年3月20日因叛徒出卖被捕，5月1日在汉口就义。

爱在上大（1922—1927）画传——激荡年代的爱情

"向蔡同盟"

蔡和森和向警予在相遇之前，都曾立下终生不婚的誓言。1918年，"湘江三友"毛泽东、蔡和森、萧子升在岳麓山谈到婚姻问题时，毛泽东首先提议为寻求救国真理甘愿终生不娶，蔡和森、萧子升深以为然。而向警予在担任周南女校校长期间，有位军官欲娶其为二房，她坚决反抗，甚至只身冲入军官家，发誓"终生不嫁，以身许国"。为避免纠缠，她离开溆浦老家，前往长沙，住在同学蔡畅家里。蔡畅就是蔡和森的妹妹。

1919年底，蔡和森、向警予、蔡畅等乘坐盎特莱蓬号邮轮从上海起程前往法国留学。在航程中，蔡和森、向警予经常一起讨论学习和政治问题，在谈到对婚姻的看法时，他们都强烈反对旧式婚姻，主张大胆追求新式爱情和理想的完美结合。当游轮停靠在法国马赛港时，他们完全被对方吸引了。于是，"向蔡同盟"结成，1920年5月，两人在蒙达尼结婚。蔡和森和向警予在热烈而简朴的婚礼上朗诵了两人恋爱期间互赠的诗歌，后来这些诗歌被结集为《向上同盟》。①

① 《不忘初心，使命永恒：永葆共产党人对理想信念的坚贞》，研究出版社2018年版。

印有盎特莱蓬号邮轮的明信片

蔡和森与向警予

蔡和森、向警予在法国留学时合影

1920年7月,蔡和森(后排左四)、向警予(后排右一)等部分新民学会会员及工学励进会会员在法国蒙达尔纪杜吉公园合影

月有圆缺

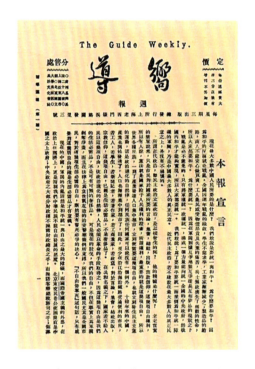

1922年9月，由蔡和森主编的中共中央机关刊物《向导》在上海创刊

1921年10月，蔡和森因领导留法学生"争回里昂大学"的斗争遭法国当局拘捕，后被强行遣送回国。怀着身孕的向警予也于同年回国，和蔡和森一起回到上海，并于1922年4月生下女儿蔡妮。党的三大后，蔡和森同陈独秀、毛泽东、谭平山、罗章龙组成中央局，并和毛泽东、罗章龙留在中央机关处理中央事务。蔡和森夫妇、毛泽东夫妇和罗章龙住在上海公兴路三曾里。1925年，彭述之从苏联回国，在党的四大上当选为中央委员，并进入中央局，负责中央宣传部工作。根据党的安排，彭述之和蔡和森、向警予及秘书郑超麟住在中央宣传部办公处的寓所。在此期间，蔡和森、彭述之、郑超麟都在上海大学社会学系任教。6月，蔡和森因病离职被党中央安排到北京疗养，向警予因工作安排上的原因没有随丈夫到北京。就在蔡和森离开上海的两个多月时间里，向警予和彭述之产生了感情。蔡和森回到上海后，在一次中央会议上，向警予向中央如实陈述了自己和彭述之的感情，表达了自己的悔恨和痛苦，并提出到苏联学习。在会上，党中央对彭述之提出了批评，并表示不希望看到向警予和蔡和森就此分离，同意向警予赴苏联学习的请求。1925年10月，蔡和森、向警予及李立三等一批人到苏联。1926年，蔡和森和向警予在莫斯科学习期间理智平静地分了手。①

---

① 娄胜华、郭宝贵：《蔡和森向警予的婚姻为何破裂》，《紫金岁月》2000年第4期。

"中国无产阶级永远的爱人"

1927年3月，向警予从苏联回国，专程到长沙看望了蔡和森的母亲和两个孩子。1928年5月1日，向警予在汉口就义。7月22日，身在莫斯科的蔡和森撰写了《向警予同志传》，称："警予与和森对于爱情的观点，最初都是最神秘的观点，因此两人之间反因此神秘的爱情而感受一种神秘的痛苦。一九二五年底同来莫斯科之后，遂至最后的分离！警予在莫斯科痛苦期间的学习有很大的进步，这是证明她的意志似铁一般的坚强呀！每到她个人或同着和森最痛苦的时候，她每每回转心肠咬紧牙齿这样的叫甚至这样的写道：'只有为革命死，决不为爱情死！''一点泪一点血都应为我们的红旗而流，为什么为爱情而流呢？可耻！'她自己骂自己可耻，同时又禁不住自己愈加痛苦起来。她纵然禁不住自己愈加痛苦起来，同时又愈加强固了自己只有为革命而死的决心，这便是警予最后两年奋斗的革命生活之缩影！"蔡和森还写道："伟大的警予，英勇的警予，你没有死，你永远没有死！你不是和森个人的爱人，你是中国无产阶级永远的爱人！"最后，蔡和森写道："警予有一最亲爱之老友，即和森的老母，老母异常可怜警予，警予亦异常可怜老母，两个孩子都是老母抚育着，警予死耗今犹瞒着老母！"①

向警予同志纪念馆编印蔡和森《向警予同志传》封面（1985年）

① 中央档案馆编：《革命烈士传记资料》，中共中央党校出版社1983年版。

爱 在 上 大（1922—1927）**画传**——激荡年代的爱情

蔡和森

湖南省双峰县井字镇杨球村蔡和森故居光甲堂

蔡和森与向警予

向警予

向警予在湖南常德女子师范学校读书时结拜的七姊妹（左起：翦伯音、唐晓芬、向警予、许友莲、余紫敏、胡美伦、蒋胜眉）

向警予（前排左四）和蔡畅（左一）等在法国合影

戴邦定与项一椶

戴邦定（1902—1972），又名介民，曾用名巴克，浙江黄岩人。1922年夏，毕业于浙江省立第六师范学校。1924年春，进入上海大学中国文学系学习。1925年11月，加入中国共产党，是浙江黄岩籍最早的共产党员。1926年下半年，任中共上海大学支部委员；同年12月，赴杭州从事革命工作。1927年2月，任中共临海特别支部书记。1928年秋，奉命回上海参与创办明日书店，传播进步文化。1930年，与党组织失去联系。1939年7月，在上海创办建承中学并任校长，为中国共产党在学校建立地下组织和交通联络点提供方便。1945年5月，被日本宪兵抓获。后党组织根据其在狱中表现，批准他重新入党。新中国成立后，任华东师范大学历史系教材教法教研室主任。

项一棂（生卒年不详），浙江临海人。1925年9月，进入上海大学社会学系学习。1939年7月，曾典卖首饰帮助戴邦定在上海创建建承中学，并在小学部工作。和丈夫戴邦定一起在学校设立党的地下交通站，为党组织和学生在校开展革命活动提供方便。

共挽鹿车

上海大学学生曹雪松回忆:"戴介民在华东师大,其妻项一权(桤)是上大女干部,知道东西不少。"①

1939年7月,戴邦定在上海社联和上海大学同学会的支持下,筹款创办建承中学并任校长,项一桤典卖了自己的首饰,帮助戴邦定创建学校。校址设在宁波路130号,后迁至白克路(今凤阳路)。建校不久,中共地下组织在校内建立支部,并设党的交通联络点。戴邦定以学校为掩护,为党组织和学生在校开展革命活动提供方便。当敌特便衣来校搜查时,他就嘱咐在建承小学部工作的项一桤先在楼下挡驾,并通知有关师生撤离学校。1945年5月,日军宪兵到校将戴邦定等师生八人抓到宪兵队严刑逼供,戴等坚强不屈,敌人没有证据,只得将其交保释放。党组织根据他在狱中的表现,批准其重新入党。

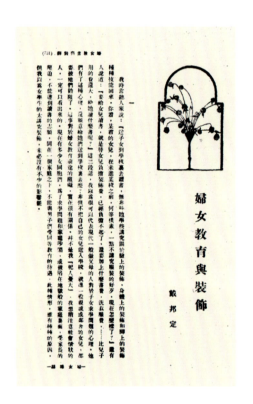

1924年,《妇女杂志》刊登戴邦定《妇女教育与装饰》一文

① 曹雪松访谈记录稿,上海市档案馆藏档案,档号:D10-1-56。

1926年,《民国日报》副刊《觉悟》刊登戴邦定《评"新女性"》一文

1954年7月,上海市私立建承小学毕业生与老师合影

瞿秋白与王剑虹

瞿秋白（1899—1935），中国无产阶级革命家、理论家、宣传家，中国共产党早期领导人。又名霜，江苏常州人。1917年，就读于北京俄文专修馆。五四运动期间，参加领导北京学生爱国运动。1920年，以《晨报》记者身份采访苏俄，写了大量通讯，为向国内介绍俄国十月革命后真实情况的第一人。1922年，加入中国共产党。曾出席远东各国共产党及民族革命团体第一次代表大会和共产国际第三、第四次代表大会。1923年回国，在上海负责《新青年》《前锋》《向导》等刊物的编辑工作；同年7月，任上海大学教务长兼社会学系主任、教授；同年8月8日，当选上海大学最高决策机构评议会评议员。1925年1月，在中国共产党第四次全国代表大会上当选中央执行委员会委员、中央局委员。1927年5月，在中国共产党第五次全国代表大会第一次全体会议上当选中共中央政治局委员，后任中央政治局常委。主持召开八七会议，任中共中央临时政治局常委、主席。1928年，赴莫斯科参加中国共产党第六次全国代表大会、共产国际第六次代表大会，当选中共中央政治局委员、中共驻共产国际代表团团长和共产国际执行委员会委员、主席团委员。1931年1月，在中国共产党第六次全国代表大会第四次全体会议上遭共产国际代表米夫及其支持的王明等人打击，被解除中央领导职务。后在上海同鲁迅一起领导左翼文化运动。1934年，进入中央革命根据地，任中华苏维埃共和国中央执行委员会委员、教育人民委员。中央红军主力长征后，留在南方，任中共苏区中央分局宣传部部长兼中央办事处教育部部长。1935年2月突围转移途中在福建长汀被俘，6月18日在长汀就义。遗著编有《瞿秋白文集》《瞿秋白选集》。

王剑虹（1901—1924），土家族，四川酉阳（今重庆酉阳土家族苗族自治县）人。1916年，考入湖南桃源县第二女子师范学校。1921年，进入上海平民女子学校学习并任中国共产党创办的第一本妇女刊物《妇女声》编辑。1923年秋，进入上海大学中国文学系学习。1924年1月，与瞿秋白结婚；同年7月在上海病逝。

爱 在 上 大（1922—1927）画传——激荡年代的爱情

南京初识

1922年下半年，王剑虹和同在上海平民女校一起学习的同学丁玲一起离开平民女校，结伴来到南京。游玩了三个多月，两人又一起到湖南。当时，王剑虹的家已在常德。丁玲则回到自己的老家临澧。半年后，即1923年四五月间，王剑虹又和丁玲相约一同离开湖南，再次来到南京。

1923年8月20—25日，中国社会主义青年团在南京举行第二次全国代表大会。瞿秋白代表中共中央出席大会。会议期间，瞿秋白在施存统和柯庆施的介绍下认识了王剑虹和丁玲。丁玲在回忆录中记下了她和王剑虹第一次与瞿秋白见面的情景："后来，他们（施存统和柯庆施）带了一个新朋友来，这个朋友瘦高个儿，戴一副散光眼镜，说一口南方官话，见面时话不多，但很机警，当可以说一两句俏皮话时，就不动声色地渲染几句，惹人高兴，用不惊动人的眼光静静地飘过来，我和剑虹都认为他是一个出色的共产党员。这个人就是瞿秋白同志，……不久，他们又来过一次。瞿秋白讲苏联故事给我们听，这非常对我们的胃口。……当他知道我们读过一些托尔斯泰、普希金、高尔基的书的时候，他的话就更多了。我们就像小时候听大人讲故事似地都听迷了。"①

在瞿秋白和施存统的鼓励下，王剑虹和丁玲于1923年9月一起考进了上海大学中国文学系学习。

位于上海南成都路辅德里632号A（今老成都北路7弄42—44号）的平民女校旧址

① 丁玲：《我所认识的瞿秋白同志——回忆和随想》，《忆秋白》，人民文学出版社1981年版。

互生情愫

在上海大学，瞿秋白在工作和上课之余，经常到王剑虹和丁玲的宿舍去看望她们，给她们讲希腊、罗马，讲文艺复兴，也讲唐、宋、元、明，犹如一同游历上下古今，东西南北，还教她们读俄文的普希金的诗，她们十分敬佩瞿秋白。而就在这期间，瞿秋白和王剑虹之间互生了情愫。丁玲用笔记下了这一过程：

"冬天的一天傍晚，我们与住在间壁的施存统夫妇和瞿秋白一道去附近的宋教仁公园散步赏月。宋教仁是老同盟会的，湖南人，辛亥革命后牺牲了的。我在公园里玩得很高兴，而且忽略了比较沉默或者有点忧郁的瞿秋白。后来施存统提议回家，我们就回来了，而施存统同瞿秋白却离开我们，没有告别就从另一条道走了。这些小事在我脑子里是不会起什么影响的。

"第二天秋白没有来我们这里，第三天我在施存统家遇见他，他很不自然，随即走了。施存统问我：'你不觉得秋白有些变化吗？'我摇摇头。他又说：'我问过他，他说他确实堕入恋爱里边了。问他爱谁，他怎么也不说，只说你猜猜。……'我对于存统的话是相信的。可能秋白爱上一个他的'德瓦利斯'，一个什么女士了。我把我听到的和我所想到的全告诉剑虹，剑虹回答我的却是一片沉默。于是我们的小亭子间寂寞了。……我无聊地躺在床上，等着剑虹回来。我并不想找什么，却偶然翻开垫被，真是使我大吃一惊，垫被底下放着一张布纹信纸，纸上密密地写了一行行长短诗句。自然，从笔迹、从行文，我一下就可以认出来是剑虹写的诗。她平日写诗都给我看，都放在抽屉里的，为什么这首诗却藏在垫被底下呢？我急急地拿来看，一行行一节节啊！我懂了，我全懂了，她是变了，她对我有隐瞒，她在热烈地爱着秋白。她是一个深刻的人，她不会表达自己的感情；她是一个自尊心极强的人，她可以把爱情关在心里，窒死她，她不会显露出来让人议论

王剑虹（右）与丁玲在上海大学时合影

爱在上大（1922—1927）画传——激荡年代的爱情

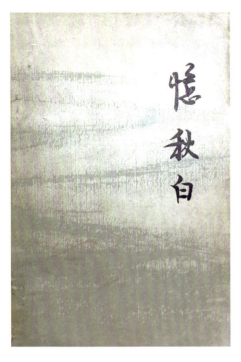

《忆秋白》书影（1981年）

或讪笑的。我懂得她，我不生她的气了，我只为她难受。我把这诗揣在怀里，完全为着想帮助她、救援她，惶惶不安地在小亭子间里踱着。至于他们该不该恋爱，会不会恋爱，他们之间能否和谐，能否融洽，能否幸福，还有什么不妥之处，在我的脑子里没有生出一点点怀疑。剑虹啊！你快回来呀！我一定要为你做点事情。

"她回来了，告诉我已经决定跟她父亲回四川，她父亲同意，可能一个星期左右就要成行了。她不征询我的意见，也不同我讲几句分离前应该讲的话，只是沉默着。我观察她，同她一道吃了晚饭。我说我去施存统家玩玩，丢下她就走了。

"秋白的住地离学校不远，我老早就知道，只是没有去过。到那里时，发现街道并不宽，却是一排西式的楼房。我从前门进去，看见秋白正在楼下客堂间同他们的房东——一对表亲夫妇在吃饭。他看到我，立即站起来招呼，他的弟弟瞿云白赶紧走在前面引路，把我带到楼上一间比较精致的房间里，这正是秋白的住房。……他弟弟不知什么时候走开了。我无声地、轻轻地把剑虹的诗慎重地交给了他。他退到一边去读诗，读了许久，才又走过来，用颤抖的声音问道：'这是剑虹写的？'我答道：'自然是剑虹。你要知道，剑虹是世界上最珍贵的人。你走吧，到我们宿舍去，她在那里。我将留在你这里，过两个钟头再回去。秋白！剑虹是我最好的朋友，我不忍心她回老家，她是没有母亲的，你不也是没有母亲的吗？'秋白曾经详细地同我们讲过他的家庭，特别是他母亲吞火柴头自尽的事，我们听时都很难过。'你们将是一对最好的爱人，我愿意你们幸福。'

"他握了一下我的手，说道：'我谢谢你。'

"等我回到宿舍的时候，一切都如我想象的，气氛非常温柔和谐，满桌子散乱着他们写的字，看来他们是用笔谈话的。他要走了，我从桌子前的墙上取下剑虹的一张全身像，送给了秋白。他把像片揣在怀里，望了我们两人一眼，就迈出我们的小门，下楼走了。"[1]

---

[1] 丁玲：《我所认识的瞿秋白同志——回忆和随想》，《忆秋白》，人民文学出版社1981年版。

鸾凤和鸣

1924年1月，瞿秋白和王剑虹正式结婚，住在慕尔鸣路（今茂名北路）彬兴里306号。婚后，"（瞿秋白）他每天写诗，一本又一本，全是送给剑虹的情诗，……剑虹也天天写诗，一本又一本。他们还一起读诗，中国历代的各家诗词，都爱不释手。他们每天讲的就是李白、杜甫、韩愈、苏轼、李商隐、李后主、陆游、王渔洋、郑板桥……秋白还会刻图章，他把他最喜爱的诗句，刻在各种各样的精致的小石块上。剑虹原来中国古典文学的基础就较好，但如此的爱好，却是因了秋白的培养与熏陶。……他（瞿秋白）这时显得精力旺盛，常常在外忙了一整天，回来仍然兴致很好，同剑虹谈诗、写诗。有时为了赶文章，就通宵坐在桌子面前，泡一杯茶，点上支烟，剑虹陪着他。他一夜能翻译一万字，我看过他写的稿纸，一行行端端正正、秀秀气气的字，几乎连一个字都没有改动。"他们还在一起吹吹箫，唱昆曲。昆曲是瞿秋白教会王剑虹唱的。瞿秋白还希望热爱文学的王剑虹继续走文学创作的路，并期待她在文学上有所成就。①

丁玲以瞿秋白和王剑虹为原型所著长篇小说《韦护》书影（1930年）

瞿秋白旧居所在的茂名北路街景

① 丁玲：《我所认识的瞿秋白同志——回忆和随想》，《忆秋白》，人民文学出版社1981年版。

燕衔春色

瞿秋白致王剑虹的书信现存最早的一封写于1923年12月。"我是江南第一燕，为衔春色上云稍"的名句即源于此信。1924年1月初，瞿秋白离别新婚的妻子王剑虹，自上海乘船赴广州筹备国民党一大，2月初返沪。在此期间，就有了他们的"两地书"。这些书信展现了那一代进步青年和年轻的革命者们对社会责任、革命事业和爱情的思考和探索。①

瞿秋白1923年12月致王剑虹的信

梦可（法文"我的心"的音译）：

万郊怒绿斗寒潮，检点新泥筑旧巢。

我是江南第一燕，为衔春色上云稍。

我忽然得此四句旧诗，——后来一想，出了韵。你又可以笑一笑我。今天早晨醒来，不知心上是什么味儿，只是念念不断的……至少要想写几个字与你，所以不怕笑话，"竟献丑了"。

怎的我们不能……

那眼波里充满着生活；那星儿悠悠的荡漾着。它似乎说什么，它表现着人间一切沉痛酸楚，它又涵融着宇宙间所能有的乐意，生意蓬勃，——只在此天地间唯一的波痕里呵。它只是沉浸着我。隐隐的在我的前面，一刻儿都不离我。

虽有那微笑的影儿，——我反不敢看。我似乎狂了。

"你离光明去了。"

是的！光明，

你永远的笼罩着

瞿秋白1923年12月致王剑虹的信

① 瞿独伊、李晓云编注：《秋之白华——杨之华珍藏的瞿秋白》，人民文学出版社2018年版。

我的心灵。

我虽然离你，

始终你还远射着

我的心印

——它没有离光明！

你的宿心

十二月

P.S. 冰之那诗（该诗已佚）我越读越爱读。

瞿秋白1924年1月5日从广州致王剑虹的信

梦可：

我这里什么话也不要说……

只有剩下的……那半晕的霞影，那半醉的波痕。……

我离这"云间王寓"（指王剑虹住所），心花便紧紧闭了！

立刻上汽车去，不容我多写了！……

你的宿心

一，五

瞿秋白1924年1月6日从广州致王剑虹的信

我实在太鲁莽了：我自己太深信了：——以为"小别"的滋味还勉强担当得起。昨天……其实只有十几个小时的离别，——我已经后悔得不了。我当时如何决定

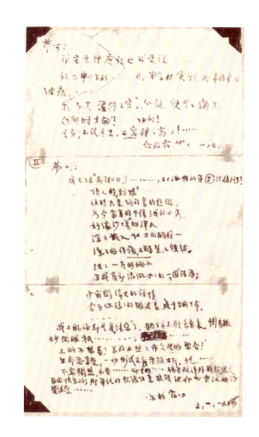

瞿秋白1924年1月5日
从广州致王剑虹的信

爱在上大（1922—1927）画传——激荡年代的爱情

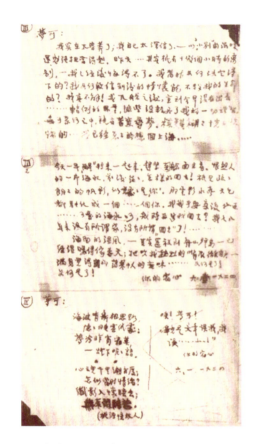

瞿秋白1924年1月6日
从广州致王剑虹的信

得下的？我如何敢信别后的情怀能不杀我的生命的？我真不解！我入舱之后，直到今早没有出去……辗侧的思量，险些没杀尽了我的一切理智。无可奈何之中，只有着意寻梦。模模糊糊恍恍惚惚的……我已经急急的想回上海……

今天一早"醒"转来——起来，赶紧到舱面去看，恨煞人的一片海水，前后茫茫，怎样的回去！只见疏疏朗朗的帆影，似乎处处是"你"。那云影水声天色都融化成一个……一个你。我几乎要弃流北返……可爱的海水呵，几时再送我回去？我七八年没有所谓家，没有所谓"回去"了！……

海面的湿风，——其实还只到舟山群岛——已经温暖得像春天；它吹我热烈的嘴唇微颤——满身觉得那薄寒中人的意味……如何是了！如何是了！

你的宿心
六，一，一九二四

王剑虹1924年1月23日致瞿秋白的信

宿心：

你的十二、十三两信，在你十四、五两信之后一天接到了。

今天已是廿三，才接到你十几的信，那我这信到广州不是月底了么？那时你应当要在归程上了，要在归程上才好。我已后的信不能得着也罢。

你问我"容许你'社会的生命'和'恋爱的生命'相'调和'不？"我想了又想，归于"茫然"，不知怎样答你！！"社会的生命"，"恋爱的生命"，"调和"，"不"，——不，我实在不会答复你。我还不懂什么是……

你要回上海便回上海，你不能回上海便不回上海，……你单莫问我什么"调和"……我不懂……

那社会生命和恋爱生命调和便怎样？不调和又怎样？……我看着你的影儿好笑！我对你讲：你愿意怎样，要怎样才觉得心里好过，那便是我容许你的，便是我要你的，便是你所谓我"命令"你的。这个答复满意么？

瞿秋白与王剑虹

我现在觉得我们不见面也没什么，所以我并不念你，不过记着你罢了。我身体一天比一天好，你不信将来见面就晓得了。

你只想日子容易混过，也不要十分急着想我，不然奇怪，三十天缩（短）成五十天，我要希望你五十天延（长）成三十天呢，（此处似是对瞿秋白另一封信中"我心上总是痴想，假使三十天可以缩成五十天"笔误的打趣）不然向你所说的便更坏了！我真看着你的影儿发笑！

我的魂儿的腰早不痛了。她很好，你现在身体怎样？精神怎样？

你又太热了。我又太冷。此刻的手十分僵痛。能把你那儿的温意分寄一点不呢？……

23，1，1924

梦可（我几乎写了你的名字）你的畇弟弟，你念着他吗？他的心情很是恶劣的。

我同魂儿真是没办法！宿心呵！自己爱人，人不爱自己多……

（落款后的四句话写于上述信纸背面）

宿心

梦可

《张人希的艺事与生平》中介绍了瞿秋白所刻"宿心""梦可"两方印。从文中可知，张人希当时还不知道这是瞿秋白、王剑虹爱情的见证（林竹青编著，上海三联书店2008年版）

爱在上大（1922—1927）画传——激荡年代的爱情

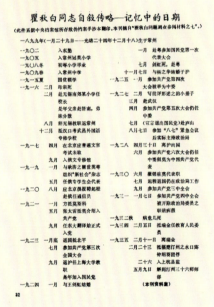

1980年，《上海师范大学学报（社会科学版）》第4期根据中央档案馆所存敌伪档案手抄本翻印《瞿秋白同志自叙传略——记忆中的日期》一文

① 杨之华：《无题》，瞿独伊、李晓云编注：《秋之白华——杨之华珍藏的瞿秋白》，人民文学出版社2018年版。

鹣鹣失伴

1924年7月，王剑虹因患肺病医治无效病故，瞿秋白极为悲痛。杨之华目睹了王剑虹死在瞿秋白怀中的那一幕：

"我入学不到几个月，校内国民党左右派地方冲突一天利害一天，学生中，教研员中大概分为三部分，其中两部分的人时在学生会议上发生对立的现象。在七月间，不知为了什么问题——我回忆不起来——施存统先生辞职。学生会派我和其他三位同去存统先生家里去挽留他复职。他与秋白同住一所房子。我们把挽留的职务做完后，顺便去问候秋白爱人王女士（王剑虹）的病。我们早已远远的听到了尖利而悲惨的呼声。等我们轻轻地走进病房，一个瘦小的奇怪的病人在床上躺着，但不时的将上身强力的弯曲举起，她用自己的双手要求拥抱秋白，并时时吻他，不断地叫他。而他很慌乱而苦恼的弯手去抱她，也发出同样悲惨的呼声。汗与泪混在一起的从他头上点滴的流着。旁边娘姨和她们的朋友都现着沉默而惊骇的脸容。王女士的身上已没有一点肉，只存了一副骨骼和骨上面包着的一层薄皮。可怕又可怜的病人叫着：冷，冷……要开水，开水，热水不断的在她头上泼，然而她说还要热一点的，热一点的，简直把开水滴上去，她都不觉热，只觉冷。狠狠的秋白捏住了她的手不断的流泪，似乎他的眼光里含着形容不出的忏悔和祈求。绝望已笼罩了他整个思想。我们只无话可说的呆立了许久，听着王女士的声音一点点的低下去，看着王女士的力气一点点的退下去，最后她没有可能再举得起她的上身或她的手。她像烧完了油的灯火一样，渐渐的灭了下去……"①

王剑虹逝世后，丁玲闻讯即从湖南赶到上海：

"我到上海以后，时间虽只隔一月多，慕尔鸣路已经完全变了样子，'人去楼空'。我既看不到剑虹——她的棺木已经停放在四川会馆；也见不到秋白，他去广州参加什么会去了。……秋白用了一块白绸巾包着剑虹的一张照片，就是他们定情之后，我从墙上取下来送给秋白的那张。他在照片背后题了一首诗，开头写道：'你的魂儿我的心。'这是因为我平常叫剑虹常常只叫'虹'，秋白曾笑说应该是'魂'，而秋白叫剑虹总是叫'梦可'。'梦可'是法文'我的心'的译音。诗的意思是说我送了他我的'魂儿'，而他的心现在却死去了，他难过，他对不起剑虹，对不起他的心，……"

后来，丁玲赴北京读书，瞿秋白与丁玲经常有书信往来。瞿秋白在这些书信中，总是要提到王剑虹，说对不起她，几乎每封信都责备自己。①

王剑虹参与编辑的中国共产党创办的第一本妇女刊物《妇女声》报头

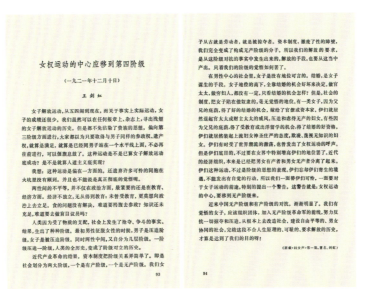

《五四时期妇女问题文选》（中华全国妇女联合会妇女运动历史研究室编，中国妇女出版社1981年版）收录1921年12月10日《妇女声》第1期刊登王剑虹《女权运动的中心应移到第四阶级》一文

① 丁玲：《我所认识的瞿秋白同志——回忆和随想》，《忆秋白》，人民文学出版社1981年版。

瞿秋白与杨之华

瞿秋白（1899—1935），中国无产阶级革命家、理论家、宣传家，中国共产党早期领导人。又名霜，江苏常州人。1917年，就读于北京俄文专修馆。五四运动期间，参加领导北京学生爱国运动。1920年，以《晨报》记者身份采访苏俄，写了大量通讯，为向国内介绍俄国十月革命后真实情况的第一人。1922年，加入中国共产党。曾出席远东各国共产党及民族革命团体第一次代表大会和共产国际第三、第四次代表大会。1923年回国，在上海负责《新青年》《前锋》《向导》等刊物的编辑工作；同年7月，任上海大学教务长兼社会学系主任、教授；同年8月8日，当选上海大学最高决策机构评议会评议员。1925年1月，在中国共产党第四次全国代表大会上当选中央执行委员会委员、中央局委员。1927年5月，在中国共产党第五次全国代表大会第一次全体会议上当选中共中央政治局委员，后任中央政治局常委。主持召开八七会议，任中共中央临时政治局常委、主席。1928年，赴莫斯科参加中国共产党第六次全国代表大会、共产国际第六次代表大会，当选中共中央政治局委员、中共驻共产国际代表团团长和共产国际执行委员会委员、主席团委员。1931年1月，在中国共产党第六次全国代表大会第四次全体会议上遭共产

国际代表米夫及其支持的王明等人打击，被解除中央领导职务。后在上海同鲁迅一起领导左翼文化运动。1934年，进入中央革命根据地，任中华苏维埃共和国中央执行委员会委员、教育人民委员。中央红军主力长征后，留在南方，任中共苏区中央分局宣传部部长兼中央办事处教育部部长。1935年2月突围转移途中在福建长汀被俘，6月18日在长汀就义。遗著编有《瞿秋白文集》《瞿秋白选集》。

杨之华（1900—1973），又名杜宁，浙江杭州人。1919年，就读于浙江省立女子师范学校并参加五四运动。1922年，加入中国社会主义青年团。1924年，进入上海大学社会学系学习；同年，加入中国共产党。1925年，任上海各界妇女联合会主任，参加五卅运动。1927年，参加上海工人三次武装起义；同年，在中国共产党第五次全国代表大会上当选中央委员。1928年，赴莫斯科参加中国共产党第六次全国代表大会，后进入莫斯科中山大学特别班学习。1935年，赴苏联参加共产国际第七次代表大会，任国际红色救济会常务委员。1941年回国，在新疆被捕，1945年出狱后，赴延安任中共中央妇女委员会委员、中共晋冀鲁豫中央局妇女委员会书记。新中国成立后，任全国妇联国际部部长、副主席，全国总工会女工部部长。1962年，在中国共产党第八次全国代表大会第十次会议上当选中共中央监察委员会委员、候补常委。为第一、第二届全国人大代表和第三届全国人大常委会委员，第一、第二届全国政协委员。"文革"中受迫害致死，1979年平反昭雪。

倾盖倾心

1924年1月，杨之华考入上海大学社会学系，成为瞿秋白的一名学生。杨之华在回忆中讲述了她初识瞿秋白的往事："我和秋白的初次见面，是在一九二四年一月间。那时，秋白讲授的课程是社会科学概论和社会哲学。……秋白最初给我的印象是沉静、严肃，平时很少讲话，似乎不大容易接近。但不久，通过一次工作上的接触，使我改变了这种印象。"[①]

在校期间，杨之华还在向警予领导下的国民党中央上海执行部妇女部工作。一天，她接到通知，到苏联顾问鲍罗廷处介绍上海妇女运动情况。据她回忆：

"在鲍罗廷家中，出乎意外地，我看到了秋白，原来他是专为我们做翻译来的。一见到他，我觉得有了依靠，心情就平静下来了。秋白用俄语同鲍罗廷夫妇交谈着，把他们提出的问题翻译给我听，并且指点我说：'你先把这些问题记下来，想一想再慢慢说。'由于受秋白的鼓励，而且要我谈的情况我也比较熟悉，当时谈话的气氛又十分亲切友好，我的拘束就逐渐消失了，愈说愈起劲。秋白满意地微笑着，仔细听我说话，然后翻译给鲍罗廷夫妇听。最后，秋白又把鲍罗廷夫人介绍的苏联妇女的生活情况，翻译给我听，唯恐我理解不了，还给我详细地解释，使我初步了解到苏联妇女的幸福生活，得到了很多启发和鼓励。……通过工作中的接触，我感到秋白很真诚，很愿意帮助别人，对待同志谦虚而热情。他的热情，不是浮在表面，而是蕴藏在内心，只有当人们同他一起工作时，才能感到这种深沉的热情。但秋白也有热情奔放的时候。记得在一九二四年五月五日马克思诞辰那天，在上海大学的纪念会上，秋白热情洋溢地作了介绍马克思的报告。报告结束后，他同任弼时同志一起纵声高唱《国际歌》，那种气势磅礴的革命激情，深深地感动了台下的同学们。"

1920年初，杨之华在杭州职业学校读书时留影

[①] 杨之华著：《回忆秋白》，人民出版社1984年版。

风流云散

杨之华在考进上海大学之前，已经结婚，并且有了女儿。新中国成立后，和杨之华一同长期工作的战友李文宜对杨之华早年的婚姻状况回忆道：

"之华同志是浙江萧山（今杭州市萧山区）人，家庭是破落地主，父亲有时经商，母亲是家庭妇女，有哥哥和妹妹各一人，她十七八岁时读中学。'五四'时代的青年，思想是很活跃的，哥哥有位同学叫沈剑龙，品貌出众，精通诗词，爱好音乐，常到杨家作客，他和之华恋爱了，托人来杨家说媒，之华的父母认为沈家是当地大户人家，怕女儿将来受歧视，不敢高攀这门亲事，拒绝了。但剑龙的父亲沈玄庐是知名的开明人士，主张婚姻自由，很赞成他们结合，就在沈家大花园里，举行了一个盛大的茶会，宣布他们结婚，开当地风气之先，废除了办婚事的陈规陋习。之华和剑龙这对新婚夫妇，立志不作依靠家庭生活的寄生虫，到农村去办了一所新小学，自任教师，他们感到无比幸福。

"过了一段时间，之华怀孕了，剑龙不耐农村生活的单调，朋友邀他到上海闲游，他沉溺于十里洋场灯红酒绿的生活，乐不思蜀。剑龙的继母是位贤惠温和的日本妇女，照料之华生下一个女孩，取名独伊，意思是只生这一个，无限怨恨之情可以想见，但她仍然爱剑龙，她把孩子放在沈家抚养，自己到上海寻找剑龙，并千方百计想感化他回头，终于无效，她失望了，就在上海进了体育学校，接着又进了上海大学，在这里她开始走上了一条新的道路。"①

1924年1月23日，《民国日报》刊登杨之华被上海大学社会学系录取的消息

---

① 李文宜：《忆敬爱的杨之华同志》，上海市妇联妇运史料组编《回忆杨之华》，安徽人民出版社1983年版。

在《民国日报》上同时刊登三条启事

三则启事

据李文宜回忆,杨之华曾向她讲述自己与瞿秋白、沈剑龙的故事:

"之华在上海大学很爱听瞿秋白同志的讲课。她的思想进一步倾向于革命的真理——马列主义。秋白的爱人王剑虹,是之华上大的同学和好友,剑虹不幸得了肺病,之华去慰问,剑虹不久去世。秋白在悲痛中得到之华的同情和安慰。当她发现秋白有爱她的迹象时,便立即返回母亲家,逃避与秋白接触,因自己还是有夫之妇,虽与剑龙感情上已发生了裂痕。

"在暑假中的某天,不料秋白竟找到杨家来,敏感的哥哥,理解妹妹的难处,把沈剑龙请来作陪。聪明的剑龙和秋白一见如故,就把秋白、之华接到沈家。他们到了沈家,先在书房,后在花园推心置腹地各诉衷肠,谈了两天,秋白也把他俩接到常州自己的住处又谈了一天,终于解决问题。

"之华说到这里,笑对我说:'你会想不到秋白的生活是那么穷困,一间斗室,家徒四壁,连一张椅子都没有,三个人只好坐在一条破旧的棉絮上,终于谈出了解决问题的办法来,真滑稽。

"'是怎样解决的呢?

"'在《民国日报》上同时发表了两个启事:一是沈剑龙、杨之华的离婚启事,一是杨之华、瞿秋白的结婚启事。这件事成了当时上海破天荒的新闻。'"

对于瞿秋白如何处理杨之华和沈剑龙之间的关系,沈雁冰也有回忆:

"那时候,杨之华还是上海大学的学生,但她在学校中的活动(她是'上大'学生会执行委员),她参加的工人运动,都显示出了她非凡的活动能力和卓越的组织才能。大约几个月前,她与瞿秋白结了婚,就住在我家的隔壁,成了德沚的好朋友。瞿杨的这桩婚事,当时曾传为美谈。之华与前夫沈剑龙意气不投,感情

不合,因而只身来上海投身革命,这在前面已经讲过。现在她与秋白恋爱了,她就给沈剑龙去信,要求离婚。沈剑龙从浙江萧山回信说,这是很平常的事,我到上海来和你面谈。结果,在张太雷、施存统、泽民、张琴秋等见证人的面前,双方协议,在《民国日报》上同时刊登三条启事。一为沈杨离婚启事,一为瞿杨结婚启事,一为瞿沈做朋友启事。离婚启事大意谓:我们很愉快地解除婚姻关系,但仍保留友谊关系,互相帮助,互相敬爱。做朋友启事大意谓:我们以后仍是最亲爱的同志和好朋友。登了启事后就举行结婚仪式,定的喜日是十一月七日,十月革命纪念日,参加仪式的人有沈剑龙、杨之华的父母,及其他亲朋好友,我与德沚也去了,大家吃了一顿饭。这件事在当时的新派人中间和共产党人中间也是很新奇的,传为美谈。"①

1925年4月,瞿秋白与杨之华在上海合影

杨之华在向李文宜讲述这件事时,还说了沈剑龙和瞿秋白的关系。当时,杨之华捧出一盒信件给李文宜看,"说剑龙很敬佩秋白,两人成了知心朋友,互相通信,这些就是剑龙给秋白的信。我打开一看,看到许多封字体秀丽、文字优美的信,还有些是与秋白唱和的诗篇。引人注目的还有一张剑龙的六寸半身照片,他剃光了头,身穿袈裟,手捧一束鲜花,旁边题了'鲜花献佛'四个字。是他赠送给秋白的。他把之华视为鲜花献给秋白,认为秋白比自己更高尚,他对秋白的敬爱虔诚之意可见,他以高洁献佛的心情成全秋白和之华的结合,不是凡俗的庸人所能理解的。之华抛弃了富裕人家少奶奶的生活,选择了无产阶级战士为终生伴侣,如果没有革命的理想和人生观是做不到的"。

① 茅盾著:《我走过的道路》,人民文学出版社1981年版。

朋心合力

杨之华在回忆录中写到她和瞿秋白的婚后生活时说：

"广泛的群众斗争，吓坏了国内外反动派，他们仇恨群众运动的领导者，仇恨这个斗争的堡垒——上海大学，就搜查了上海大学和慕尔鸣路（今茂名路）彬兴里三○六号秋白的住所。但没有找到秋白，包探扑了空，就把他保存的《新青年》《向导》等书刊和他第一次在苏俄时省下买定量供应的食糖的钱买来的许多俄文书籍搜索一空，付之一炬。

"秋白从此转入地下活动。他秘密居住在先施公司职员孙瑞贤同志的家里，地点在北四川路底兴业里一号。

"秋白住在三层楼的阁楼上，继续领导行动委员会及其他工作。组织上指定少数同志负责同秋白进行联系，我是其中之一。那天，我走进阁楼时，他正伏在桌上起草文件。我把他的住所和上海大学被搜查，他的书籍被焚的事告诉了他。他放下手中的笔，站起身来，在窄小的阁楼里踱了一会儿，然后停下来，像是对我，又像是自言自语地说：'书可以被烧掉，但是，革命的理想是烧不掉的！'"①

"五卅运动时，工人群众提出了很多问题，秋白就在他主编的《热血日报》上每天回答他们的问题。当时天气很热，房间又小，他忙着写社论、编辑新闻一直到校样。到晚上他一定要我汇报工人群众的情绪，白天还要向干部作报告。他的身体非常坏，但他不肯休息，当时常常工作到深夜甚至天明。秋白自己这样热情地为工人服务，也鼓励我好好为工人服务，他最喜欢我穿起工人服装到工人群众中去工作。他说：'我们的爱就建筑在这里。'"②

---

① 杨之华著：《回忆秋白》，人民出版社1984年版。
② 杨之华：《一个共产党人——瞿秋白》，《忆秋白》，人民文学出版社1981年版。

瞿秋白与杨之华

1924年，瞿秋白和杨之华在杭州西湖合影

1924年底，瞿秋白和杨之华在上海合影

爱 在 上 大（1922—1927）画传——激荡年代的爱情

1928年，瞿秋白、杨之华参加中共六大和共产国际六大后在苏联南方参观时合影

1929年，瞿秋白、杨之华和女儿独伊在莫斯科合影

瞿秋白和杨之华在苏联黑海之滨合影

瞿秋白与杨之华

杨之华和女儿独伊合影，瞿秋白题"慈母爱女 一九二九年消夏小别"

1930年7月，杨之华和瞿秋白在莫斯科合影

秋之白华

瞿独伊的女儿李晓云曾著文介绍过"秋之白华"的来历：

"何谓'秋之白华'？爷爷在同奶奶结婚的时候，曾送给她一枚金别针，上面刻着'赠我生命的伴侣'的字样。这枚金别针，如今还保存在常州博物馆里。爷爷还亲自刻了一枚印章，把他自己的名字'秋白'和奶奶的名字'之华'融为一体，成为你中有我、我中有你的'秋之白华'。这枚印章后来不知流落何处，但'秋之白华'的称谓却在那一代他们的同志、朋友间传颂。聂荣臻元帅曾告诉我的妈妈瞿独伊：他们给瞿秋白、杨之华写信，抬头就用'秋之白华'。现在，家里还珍藏着一封信，那是奶奶的挚友张琴秋同志1929年写给瞿秋白、杨之华的，信的抬头书写的也是'秋之白华'。

"1928年，爷爷、奶奶赴苏联参加在莫斯科召开的中国共产党第六次代表大会和共产国际第六次代表大会，会后一道前往南俄参观，在那里留下了几张照片。后来，他们将其中的一张合影送给周恩来和邓颖超，照片的背面写着'亲爱的恩来、小超同志惠存'，落款亦为'秋之白华'。"①

瞿独伊、李晓云编注《秋之白华——杨之华珍藏的瞿秋白》书影（2018年）

① 瞿独伊、李晓云编注：《秋之白华——杨之华珍藏的瞿秋白》，人民文学出版社2018年版。

刻着"赠我生命的伴侣"字样的金别针

感怀故人

杨之华曾在一篇追忆王剑虹的文章中说：

"秋白曾告诉我有过这样一件事：在1924年三月间一个晚上，我从外面回去，她问我'你今天到哪里去了'，'我到鲍夫人（苏联顾问鲍罗廷夫人）家去当翻译'，'以后××（杨之华）那样的女人，你一定会爱她'。哪知道在后来真的应了她的话。不但将她已得到的爱人让了给我，使我得到十年爱的幸福，无限的，而且她还将她自己不愿见他死的痛苦也赐与了我，无限的。"

瞿秋白、王剑虹结婚前后有往来书信几十封，杨之华完整地保留了下来。对于杨之华为什么要保留这些信件，杨之华的外孙女李晓云说：

"奶奶杨之华非常珍视这些信件，将这些信件连同瞿秋白写给她自己的信放在一起，悉心收藏。这批信件虽历经危难，还是得以保存至今。奶奶说：'我为什么把秋白与已故爱人的书信也放在一起呢？……因为她是我爱人的爱人。我的性情，凡是秋白友好朋友，我都能出于本能的发生好感而尊重。'爷爷瞿秋白牺牲后，她又写道：'我现在在无限的痛苦中，回忆着她和他的生前事，读着她和他生前的日记和书信，这都是现实生活的过去，这都是爱之诗意，也都是思想之谜语。他俩的结合虽仅半年，然而半年的甜苦滋味在遗笔中——存在着。我含泪提笔将它一字不改的照原文录下，以做纪念。'"①

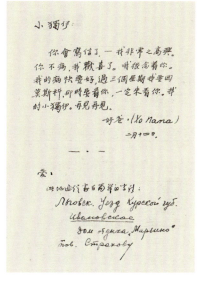

瞿秋白给女儿独伊的信

杨之华和女儿独伊合影

① 瞿独伊、李晓云编注：《秋之白华——杨之华珍藏的瞿秋白》，人民文学出版社2018年版。

图书在版编目（CIP）数据

爱在上大（1922—1927）画传：激荡年代的爱情 / 成旦红，刘昌胜主编 .—上海：上海大学出版社，2022.9
　　ISBN 978-7-5671-4525-2

　　Ⅰ.①爱… Ⅱ.①成… ②刘… Ⅲ.①名人—列传—上海—1922-1927 Ⅳ.① K820.851

中国版本图书馆 CIP 数据核字（2022）第 158357 号

责任编辑　刘　强　傅玉芳　柯国富
技术编辑　金　鑫　钱宇坤
装帧设计　柯国富

爱在上大（1922—1927）画传——激荡年代的爱情

成旦红　刘昌胜　主编

出版发行	上海大学出版社
社　　址	上海市上大路99号
邮政编码	200444
网　　址	www.shupress.cn
发行热线	021-66135112
出 版 人	戴骏豪
印　　刷	上海颛辉印刷厂有限公司
经　　销	各地新华书店
开　　本	889mm×1194mm 1/12
印　　张	12
字　　数	240千字
版　　次	2022年9月第1版
印　　次	2022年9月第1次
书　　号	ISBN 978-7-5671-4525-2/K·262
定　　价	180.00元